»重返榮耀
解構21世紀日本政治的新進化

鄭子真｜著

五南圖書出版公司 印行

自序

　　日本做爲亞洲先進民主國家，其政治發展向來眾所矚目。戰後早期被注目的原因，係其以戰敗國之姿，在短期三十年內歷經池田勇人內閣的所得倍增計畫等，經濟迅速成長。爲彰顯國力的恢復與強大，以及重返國際社會的決心，1964年日本東京傾盡全國之力舉辦奧運。東京奧運的舉辦重振日本的信心，經濟體規模也加速成長，在1968年超越當時世界第二的西德經濟體，成爲次於美國的經濟大國。爾後也於1970年在大阪主辦萬國博覽會，吸引全世界的目光。

　　日本能夠在戰敗後迅速成爲經濟大國，多數學者、專家歸功於日本官僚的領導有方。尤以通產省、大藏省等省廳正確的政策方向和產業戰略的設定，皆將日本導向經濟大國的康莊之路。另一方面，1955年自由黨和民主黨保守勢力的結合，誕生出自民黨與之後的五五年體制，也被視爲日本政治穩定的要素之一，成爲發展經濟大國不可漠視的主力。故從早期自民黨派閥的「八個軍團」，到70年代浮現的「三角大福中」等發展。在派閥均衡力學之下，陸續出現田中角榮首相的「日本列島改造計畫」、中曾根康弘首相的「軍事大國化」等強而有力的領導，讓派閥政治受到關注。

　　官僚領導下的經濟大國成長，到派閥盛行的政治特殊現象，有學者觀察到，在政治發展中，風向已經改變爲政黨主導。因此做爲80年代政治明星的中曾根康弘首相，試圖讓日本轉型成爲「東北亞不沉的航空母艦」。其軍事大國的雄心壯志，搭配泡沫經濟的來臨，頓時之間各國稱謨的「Japan as No. 1」，彷彿日本所向披靡。日本研究的顯學、日圓的熱錢、日本企業的管理等，無一不被視爲後進國家的模範。

　　在上述的政治過程動態變化中，政官財的鐵三角關係被認爲是日本菁英型領導的核心。無論是早期的官僚主導帶領官商關係之合作，或是政黨主導的政官關係改變決策權力的移轉，經年累月下形塑出日本利益誘導型政治的運作。在既得利權結構的框架下，權力的腐化和金錢的貪汙，衍生出日本內部的金權政治。外部環境則出現冷戰瓦解，直接衝擊自民黨親美的保守勢力，加上許多的政商醜聞等，自民黨旋即在1993年首度下台，成爲在野黨。90年代的日本政治邁入混亂時期，連帶經濟也逐漸轉向低迷景氣。

　　1993至1996年的聯合內閣摸索日本政治走向，卻欠缺執政經驗和理念的分歧。做爲90年代日本的政治明星小澤一郎，提出日本改造計畫，喚醒國內新保守主義的興起，進而組黨改變政黨政治的面貌。搭配1994年政治四大改革，以往自民黨的一黨優位，開始出現兩黨政治的氛圍，最後得到政黨輪替的落實。

　　但是自民黨的派閥並未消失，2001至2006年小泉純一郎內閣執政後，黨內呈現保守對抗改革的兩大勢力。90年代起日本推行的新自由主義，延續到21世紀，國內M型社會的浮現帶動新中間選民的出現。政治上的新自由主義搭配經濟全球化之下，日本貧富懸殊加大，促使選民跳脫以往中間選民的概念，成爲重視政黨短期政策落實的新中間選民等，各政黨都積極爭取這類選民的選票。然日本政黨也在快速變化的社會萬象中，迅速成立，卻也旋之解黨。日本政黨政治無論是邁入杜瓦傑原則的兩黨政治，或是岡澤憲芙所談的穩健的多黨制發展，所謂政黨主導態勢逐漸消失，政黨系統的混亂讓日本政治漂流在21世紀初期。

　　眾所皆知，2006至2012年的日本內閣幾乎每年更迭，歷來的政治手法和朝野關係無法回應快速變化的社會。2006至2009年自民黨內閣的更換，屢創內閣支持率的低點。即使2009至2012年民主黨上台，大大轉換美日關係、對外方針、福祉型社會主義的落實等，依舊不敵執政的青澀和311海嘯的衝擊。號稱要讓日本脫胎換骨的民主黨，訴諸政治主導改變決策過程，不讓官僚和政黨左右政治家的決策，但過於理想的政治願

景，反讓日本政治越加混亂。

　　民主黨的失敗，讓2012年底浴火重生的自民黨第二次安倍晉三內閣，接續政治主導口號，以官邸主導的強勢作風，推動安倍經濟學、安倍積極和平主義、地球儀外交等，迥異於傳統自民黨的執政風格，也民主黨的政治主導等大不相同。故傳統鐵三角關係的本質從以官商關係、政官關係為主的內涵，脫離官僚主導色彩，不再形成以政治架構經濟的方式。而是日本財界夾帶經濟全球化的力量與政治相結合，形塑出政商關係的互動，而產生財界積極的能動性。日本政黨在選制限約下，自民黨改採選舉至上的策略，進而成為新型自民黨；在野黨則被自民黨一強態勢壓迫，成為相對弱勢的多黨關係。

　　就此，本書試圖系統性觀察日本政治的發展，以鐵三角關係理論為主軸，探討其在21世紀的新動向。戰後日本政治的官僚主導、政黨主導，經濟上的大國到泡沫經濟，社會面向上的中間大眾到新中間選民之變化等，整體變動重構了日本國家內涵。而往往出現在後進發展型國家中，階段性可能發生的官商勾結、政官把持等問題，意藉由本書的探討，作為亞洲諸國發展進程中的參考之例。

　　本書的撰寫構想來自作者就學時期的《從新統合主義分析戰後日本的政商關係》博士論文，以及就職後獲得科技部補助專題計畫《日本鐵三角運作與財界的能動性》的內容。筆者延續此脈絡，擴充當下日本安倍晉三政權的觀察，得以完成全書面貌。學術一途以來，沿路受到不少人的幫助，感謝之意溢於言表。在此，特別感謝長期以來支持我的指導教授楊泰順博士，以及科技部的補助項目，讓本書得以順利出版。

　　最後，謹呈獻本書給我最親愛的母親，張櫻花女士。

鄭子真 謹識

2018年1月

目　次

　　戰後日本政治的最大特色莫過於自民黨（Liberal Democratic Party of Japan, LDP）的長期執政和派閥政治，起因於冷戰局勢和內部封閉型既得利權結構的形塑。事隔七十餘年物換星移，後冷戰時期的來臨與全球化經濟的浪潮，日本政治無法再以美國核武保護傘和封閉性的市場導向作為支撐。現今日本政治的發展，可觀察出自民黨無法持續保持一黨優位，必須以合縱連橫方式與公明黨或其他小黨合作，在國會殿堂中與其他在野黨進行決策的角力。綜究於此，除了自民黨的長期執政之外，以往對日本政治發展尚有官僚主導的強烈觀點，或者1970年代日本如火如荼的派閥政治等，對於描述現今日本政治發展已不合時宜。

　　結合政官財而成的鐵三角關係，往往也是解釋日本政治的慣有模式觀點。連結三者互動的關鍵點，有學者主張是官僚主導的力道，也有人強調是政黨的重要性等。但本書認為無論是官僚或政黨等的角色，是在冷戰期間適當發揮其功能，進而彰顯出時代背景下所闡釋的作用。物換星移，全球化時代的來臨與數位化科技革命，時代變動下要維持日本的國際地位和經濟大國的形象，國家必須有所為以面臨這巨大的變動。2012年底起安倍晉三政權的出現，從華麗的安倍經濟學（Abenomics）及其「三支箭」政策的實施，國際莫不對日本刮目相看。安倍如何取得日本民眾大力支持，以及在國際間活躍讓日本成為重要一角，本書認為需對日本政治重新解構說明，從傳統的基本出發，穿越後冷戰初期日本政治在國內外的漂流期，爾後在新世紀的現在能夠以嶄新的政治和重新定義的國家發展，剖析日本政治正以脫胎換骨的方式，呈現與未來接軌的可能。

壹、研究目的

基本上，日本傳統政治運作倚靠鐵三角關係的支持，鐵三角關係是由官僚—政黨—企業（財界）構成，因為鐵三角的運作，讓日本於戰後成為經濟大國。[1]鐵三角關係是一種決策過程中的合作行為，它涉及國內的利益分配，以及行為者權力支配的狀態。無論是政官結合下的利益誘導，抑或探行合法化決策優勢，都不能忽視鐵三角在維繫日本政治運作的功能。日本政治在討論鐵三角關係的相關課題時，多是探討政官關係運作，認為從官僚主導和政黨主導建構起日本株式會社的國家發展，財界往往扮演的是被動配合的角色。日本政治依順鐵三角理論是一種封閉型的政官財合作思路，多是以權力支配下的利益分配作為評量鐵三角互動的觀察，相對忽視財界在封閉鐵三角中的能動性。進而忽略1990年代起全球化對行政官僚的衝擊，造成國家政策的失靈以及政黨環境的變化，忽視整體日本鐵三角關係的變化。故本書首要的研究目的於，整理和分析傳統日本鐵三角關係的運作，以為財力支持是利益分配的轉換，它不單是涉及利益交換的過程，更需取得鐵三角互動的平衡。

其次，日本鐵三角的變化最大差異在於，以前是少數菁英運用權力進行國家的資源分配，現在因為全球化催動國家外部利益的產生，鐵三角為了創造更多的利益而結合在一起。有鑒於此，本書乃就日本鐵三角關係由封閉型的決策過程起，到為迎合外部利益而更加緊密合作的發展，進行一系統性研究，明瞭日本傳統政治的變化和鐵三角的質變。此些變化如何牽動日本現今的政治發展，本書藉由2012年底上台的安倍政權，觀察以新自由主義改革之名施行下鐵三角關係的運籌帷幄，以及在強烈領導風格的官邸主導之下，日本是否真能重返榮耀，成為世界的日本，是本書最後的研究目的。

---

[1]　東鄉和彦，2013，《歷史認識を問い直す—靖国、慰安婦、領土問題》，東京：角川，頁208-209。

貳、文獻探討

研究戰後日本政治發展有三個主要分析角度。第一個角度是官僚主導，主張行政官僚基於出身自名門大學的優越性，進行最利於國家發展的政策制定，因此強調官僚的優越性與主導權。準此，鐵三角運作的關鍵，不在於彼此利益的交換，而是取決於行政官僚的理性抉擇。鐵三角關係可以緊密結合各方，主要是因為政官財在經過理性算計後，相信落實官僚的政策將會有效到達國家發展目標，同時使自己獲利。因此鐵三角不是研究假設中的自變項，官僚主導的政策才是。日本的鐵三角關係，歷來都被視為少數菁英操作國家發展，因此，鐵三角關係不過是被組織起來的架構。

然而官僚主導的分析角度留下許多解釋不了的現象。首先，這些學者無法解釋為何1980年代日本採取新自由主義方式進行小政府的調整，甚至在2001年行政改革後縮編為1府12省廳。如果官僚主導的目標只是在維持其在政治上的優越性，為何無法持續且被刪減其權限？而鐵三角依舊持續運作，有學者從政黨主導或是政官關係解釋鐵三角的維繫，意即當官僚式微無法持續在政策的領導，或是其政策無法發揮效果，取而代之的是執政黨的領導。因此第二個角度是政黨主導，此觀點主張執政黨以增加公共建設、擴大財政支出等方式支撐日本國家發展，同時維護了封閉型鐵三角的關係。傳統政治的官僚主導受到政黨主導的進逼之外，還有因為官僚的保護主義無法抵抗全球化的入侵，日本企業被迫離開官僚的羽翼，展翅與全球化結合，以往官僚建構起的「日本株式會社」國家型態搖搖欲墜。

第三個角度是因應1990年代起冷戰瓦解造成日本政治內外環境巨大的變動。換言之，政黨和派閥式微，強調領導者和其統籌能力成為政治上的焦點，官邸主導開始變成研究日本政治的新顯學。從橋本龍太郎首相的金融改革到21世紀小泉純一郎首相的構造改革，都顯示出官邸主導的態勢。即使是政黨輪替上台執政的民主黨，也訴諸政治主導或官邸主導方式以脫離官僚的掌控。由以2012年底上台的安倍晉三首相，在強勢領導作風之下

推出安倍經濟學、日本參與集體自衛等，皆驗證官邸主導政治的趨勢。就此，本部分就日本政治相關的官僚主導、政黨主導、官邸主導等文獻進行探討，並比較其觀點的差異。

一、官僚主導和官商關係

　　從官僚主導角度探討權力菁英對國家發展的影響力，以Johnson Chalmers為代表。他在《推動日本奇蹟的手——通產省》（*MITI and Japanese Miracle: The Growth of Industrial Policy, 1925-1975*）一書中，認為日本國家可在戰後快速復甦並且達到經濟奇蹟，首要歸功於官僚主導的重要性。無論是戰後紡織業發展、汽車產業的培植、電子科技業的領導等，官僚扮演了決策者角色，並設定國家戰略型產業的重點發展。他認為日本政府藉由經濟計畫和戰略型產業的設定，到達國家一定的成長過程中，官僚握有分配國家資源的權限，是由政治家扮演「安全筏」以隔絕外部施壓給官僚，企業則呈現被動與配合的狀況。[2]蔡增家在《誰統治日本？——經濟轉型之非正式制度分析》一書中也指出，日本官僚主導運作的場域是在審議會，透過審議會機制產生日本官僚與產業政策以及利益團體的關係。[3]官僚可以以高姿態主導國家發展和利益分配，飯尾潤在〈政治的官僚と行政的政治家〉一文中，同樣認為日本官僚較其他國家具有自尊和榮譽，進而對組織具有忠誠度。菁英論觀點下的官僚主導，是一種領導地位型政治運作，迥異於歐美的政策型政治之行政體系。[4]

　　故日本的政治構造一直迥異於亞洲威權國家或歐美民主政治的發展。1990年Karel van Wolferen的《日本／權力構造的謎》（*The Enigma of*

---

[2]　Chalmers Johnson, 1982, *MITI and the Japanese Miracle: The Growth of Industrial Policy, 1925-1975*, Stanford: Stanford University Press.

[3]　蔡增家，2007，《誰統治日本？——經濟轉型之非正式制度分析》，台北：巨流。

[4]　飯尾潤，1995，〈政治的官僚と行政的政治家〉，日本政治學學會編，《現代日本政官關係の形成過程》，東京：岩波書店，頁149。

Japanese Power: People and Politics in a Stateless Nation）一書中，使用國家系統（system）概念分析日本政治的內部結構運作，提出曖昧的公私界限、被統制的資本家以及相互抑制等觀點。[5]基於日本官僚握有營利事業發放權、補助款、優惠稅制、低利融資等權限，因此，日本企業與官僚、政治家之間，因爲官僚握有行政資源和權威性管理企業，企業與官僚的關係較政治家更爲緊密。即使1970年代後期開始，政黨主導趨勢開始凌駕官僚主導政策的發展，現今的官僚依舊掌有金融、經濟、產業等政策面的影響力。

二、政黨主導和政官關係

　　加藤淳子《稅制改革與官僚制》一書提出日本決策過程中政官關係運作的觀點，主張在自民黨一黨優位體制之下，官僚與執政黨的政治家共享政策的專業知識和情報，主因在於官僚基於有限理性抉擇，要在行政組織內有效率性地與政治家合作，並借力使力強化其在政策的影響力。加上族議員開始在日本政治中嶄露頭角，加藤認爲官僚基於「政策知識以及制訂政策的獨占性」，其行動目的在於維持統治關係的位階以維護官僚組織利益，避免失去過多領導權，而政治家則是選擇與官僚合作，維繫鐵三角運作。[6]相對地，此階段日本企業在鐵三角關係中尙處被動，渡部純的《企業家理論與體制的構圖》書中，觀察到自民黨爲維持政權，向來採取對農村或中小企業的保護主義以鞏固票倉。然而從議題途徑（issue approach）分析日本1980年代消費稅法案過程中，卻發現以往利益團體與執政黨之間，原本作爲「集票機器」的企業出現分裂情況，造成企業無法明顯影響政府、執政黨的決策，企業的反對運動在此階段，還是只能成爲與地方政

---

[5] Karel van Wolferen，1990，《日本／權力構造の謎》（*The Enigma of Japanese Power: People and Politics in a Stateless Nation*），東京：早川書房。

[6] 加藤淳子，1997，《稅制改革と官僚制》，東京：東京大學出版會，頁5-6。

府與個人網絡的運作。[7]

　　政黨的主導性由此可見一斑，一黨優位制的決策環境下產生執政黨與官僚密切的政官關係，也是維繫封閉型鐵三角關係運作的關鍵。飯尾潤的〈日本的雙重政府與政官關係〉一文，[8]以及伊藤光利的〈官僚主導型政策決定和自民黨〉一文中，[9]皆認為自民黨執政時期的決策特徵在於，具有執政黨的事前審查制度，以及與政府省廳交涉的二元構造存在。意即執政黨議員的提案要呈報到內閣會議決議之前，必須受到黨內的政調會或總務會的事前審查通過。執政黨通過的提案，會要求黨內所屬議員必須投贊成票，以保證法案可在國會通過，違反者將祭出黨紀處分。另一方面，執政黨議員與行政省廳協調政策內容，與官僚互動密切。執政黨事前審查政策的決定權，以及與行政省廳交涉政策內容的行徑來看，政黨主導決策趨勢明顯。因此，J. Mark Ramseyer與Frances McCall Rosenbluth共著的《日本政治的經濟學──執政黨的理性抉擇》一書，是從政官關係分析日本的利益誘導型政治，認為執政黨運用官員空降方式，是一種有效對官僚統制的手段。同時也透過官員空降有效干涉自由市場經濟的發展，以最有效率的資源投入獲得最大的效益成果。[10]

三、官邸主導和政商關係

　　Thomas R. Dye與Harmon Zeiglar認為一國採取菁英治理的方式，意味著沒有真正反映民意的需求，多數是反映出菁英們的利益與價值。因此日本鐵三角關係的運作，也可觀察出官僚為保有領導本位、政治家為持續在

7　渡部純，2000，《企業家の論理と体制の構》，東京：木鐸社，頁29-37、98。

8　飯尾潤，2004，〈日本における二つの政府と政官関係〉，《レヴァイアサン》，34號，東京：木鐸社，頁16。

9　伊藤光利，2006，〈官邸主導型政策決定と自民党－コア・エグゼクティヴの集権化－〉，加藤淳子、川人貞史與辻中豐等編，《レヴァイアサン》，38號，東京：木鐸社，頁14。

10　J. Mark Ramseyer & Frances McCall Rosenbluth，1995，《日本政治の経済学－政権政党の合理的選択－》，東京：弘文堂。

位、企業為追求最大化利益的交換之下形成封閉性互動。[11]遲至目前並未有過多學者系統性探討財界角色，因為日本財界與政界之間往往被視為透過選票與鈔票，彼此交換權力與金錢的關係；而財界與官僚之間，從Kent Calder的戰略型資本主義（strategic capitalism）觀點，認為日本的經濟發展來自政府公共財的支持（the support of common goods）、日本產業間的多元化金融體系、政府協調產業衝突的角色，呈現出公私混合體系的運作（the hybrid public-private system）。[12]日本的戰略型資本主義，主因在於國家進行了信用分配以及金融體系的制度性安排，誕生了日本型資本主義的走向。然而在官商兩造互動形成的日本型資本主義，相對於政府發號施令的角色，日本財界事實上扮演了一個影武者經濟重臣的要角。

對於日本財界和其領導的利益團體考察，1986年村松歧夫、伊藤光利、辻中豐的《戰後日本的壓力團體》一書，即進行日本行政機關退休人員數量與行政、政治諸活動的關係考察。其結果是，(1)眾多利益團體向國會議員進行「行政上的接觸」、「積極關心行政」遊說；(2)官員空降的好處在於「公部門的關係」和「積極的關心」；(3)比較國會議員遊說和官員空降方式，利益團體認為後者較具效率性。[13]伊藤光利的〈大企業勞使連合vs.地方政府政策受益團體連合(1)－第2次壓力團體關係構造分析〉一文提到，在日本1980年代嚴重的財政赤字背景下，中曾根康弘內閣企圖透過第二次行政改革（1985年），減少對政策受益團體的預算分配。如此一來，政策受益團體更是積極爭取預算，提出誘因引誘政黨或官員，在官商合意下雙方運用官員空降方式，干涉經濟發展或者取得預算分配，提出利益團體的能動性例子。[14]

---

[11] Thomas R. Dye & Harmon Zeiglar, 2012, *The Irony of Democracy: An Uncommon Introduction to American Politics*, p. 4.

[12] Kent Calder, 1993, *Strategic Capitalism: Private Business and Public Purpose in Japanese Industrial Finance*, US: Princeton University Press, p. 16.

[13] 村松歧夫、伊藤光利、辻中豐，1986，《戰後日本の压力团体》，東京：東洋經濟新報社，頁194-196。

[14] 伊藤光利，1995，〈大企業勞使連合vs.地方政府‧政策受益团体連合(1)－第2次压力团体関

　　其次，蔡增家的〈全球化與日本政經體制轉變：2005年日本眾議院改選的政經意涵〉一文中，認為21世紀以後日本經濟面臨的問題點有：(1)派閥主導造成日本政府管制經濟能力的衰退；(2)國際資金流動降低日本政府對企業的管控能力；(3)國內市場的開放造成日本政府財政政策的失靈。[15]換言之，日本政府失去在整體財經上領導的重要性，相對地企業取代政府在國際經貿舞台的重要性，而在產經政策上，派閥或族議員取代官僚在國內政經結構的經濟主導，政商關係儼然而生。觀察2010年CNN（CNNMoney.com, 2011）調查的全球百大企業中，日本的豐田汽車、日本郵政、日本電信、日立、本田汽車、日產汽車、Panasonic、Sony、日本生命保險、東芝，共占全球前百大企業的一成，顯示日本企業在國際的重要性。或說日本多國籍企業（multinational enterprises, MNEs）的影響力跨越國境，日本政府已無法一手掌控。日本多國籍企業可以發揮兼併、收購、聯合等策略，使企業在跨國活動下壯大，在去疆界的全球化經濟大環境下，企業超越政府的力量，發揮其合縱連橫的活力，成為左右世界經濟的重要力量。

　　無論是官商互動或是政官關係的影響，全球化時代的來臨造成官僚的政策或政黨的主導失靈，日本企業開始展現其能動性。相對地，從全球化懷疑論者的觀點卻認為國家依舊是領導大企業的主力，在國際舞台上談判、協議等動向上都有國家的足跡，強調國家的重要性。此時影響日本傳統鐵三角關係變化的就是權力因素，意即官邸主導成為維護鐵三角運作卻也是造成其內涵質變的關鍵。此時強而有力的領導：官邸主導，成為研究日本政治的顯學。從政策制定角度者觀察橋本龍太郎內閣的行政改革，事實上已經出現強化首相官邸機能的制度變化。[16]

　　係構造の分析─〉，《政策科學》，第3卷第2期，京都：立命館大學，頁16。

[15] 蔡增家，2009，〈全球化與日本政經體制轉變：2005年日本眾議院改選的政經意涵〉，《問題與研究》，第45卷第2期，台北：政治大學國關中心，頁4-5。

[16] 飯島勳，2006，《小泉官邸秘錄》，東京：日本經濟新聞社。伊藤光利，2006，〈官邸主導型政策決定と自民党─コア・エグザクティブの集權化〉，頁7-40。伊藤光利，2007，

　　待鳥聰史的《首相政治的制度分析──現代日本政治權力基盤形成》一書提及，伴隨冷戰結束，日本社會嚴重批判缺乏領導性的政治人物、派閥政治的弊端和金權政治的腐敗等。會誕生諸如小泉純一郎的總統型首相原因在於，1990年代因應選制改變後強化的制度因素，延伸出議會內閣制下首相的重要性。然而並非爾後歷任的首相皆強勢，制度因素強化的首相權限，相對突顯執政黨議員和官僚對政治影響力的下降。待鳥認爲是一種「集權化的反功能」（日文：集権化の逆機能）。[17]竹中治堅的《首相支配──日本政治的變貌》一書也認爲，經過1990年代選制改變後支配自民黨的派閥政治已全然不同，藉由選制改革、強化《政治資金規正法》、行政改革等，把權力推動到首相可支配的面向上，因而出現嶄新的日本政治體制。[18]

參、研究方法

　　鐵三角關係在民主國家的運作中並不罕見，建立在T. Lowi提出封閉型政策運作的鐵三角理論，主要關注利益團體渴求政治資源的分配，使用鈔票與選票誘惑國會議員，從而掌控政府單位，形成一種共生且封閉性的決策運作。對照日本的鐵三角關係，政官關係雖在決策過程中觸及權威性的價值分配，但對於利益團體鑲嵌其中的角色，則顯少有系統性描述。鐵三角關係的發展，不單是觀察民主政治決策過程的運作，更具備與市民社會互動的實務性與價值。日本戰後經濟高度成長，一度被推崇菁英官僚有

〈官邸主導型政策決定システムにおける政官関係－情報非対称性縮減の政治〉，《年報行政研究》，日本行政學會，第42號，頁32-59。内山融，2007，《小泉政権：「パトスの首相」は何を変えたのか》，東京：中公新書。竹中治堅，2006，《首相支配－日本政治の変貌》，東京：中公新書。Naofumi Fujimura, 2007, "The Power Relationship between the Prime Minister and Ruling Party Legislators: The Postal Service Privatization Act of 2005", *Japanese Journal of Political Science*, vol. 8, no. 2, pp. 233-261.

[17] 待鳥聰史，2012，《首相政治の制度分析－現代日本政治の権力基盤形成》，東京：千倉書房。

[18] 竹中治堅，2006，《首相支配－日本政治の変貌》，東京：中公新書。

效的領導；1985年廣場協議後的泡沫經濟，卻讓日本重新省思官僚主導與國際接軌的落差性。緊接著驟變的兩極瓦解，衝擊自民黨的執政與既得利權結構，更是挑戰著鐵三角關係是否持續決策過程的領導。日本鐵三角關係的消長暨其施展權力的決策，均攸關日本政治的變革以及市民社會的發展。

鐵三角理論（theory of iron triangle）主要關注多元化社會中利益分配的核心，在於利益團體結合國會議員與政府單位形成的決策運作。然而鐵三角關係的內部行為者並非一成不變，Gaetano Mosca的統治菁英論當中，主張所有政治系統中都存有兩個階級：政治階級和非政治階級，而且在任何系統都有菁英，一個社會的文明隨菁英變動而改變。因此即使是封閉型的鐵三角關係，也必須深究菁英的本質，並且瞭解菁英如何維持其地位與如何被更換的問題。簡言之，菁英與利益之間透過權力的媒介達成各取所需的目的，進而影響社會發展與變動。

日本傳統的鐵三角運作，當中無論是官僚、政黨、財界菁英，都存在有年功序列制，固定維持菁英在組織內的地位。Thomas R. Dye & Harmon Zeiglar的*The Irony of Democracy*一書認為，菁英內部會彼此競爭，也受到群眾、選舉結果、公共需求的影響，對照日本1990年代起中間大眾層比率的增高、都市選民變多，以及政黨競爭、高齡化、安保等議題的出現，造成菁英不僅有內部競爭，也受到外部挑戰。[19]要維持住鐵三角系統不被內部競爭和外部因素淘汰掉，係Vilfredo Pareto的「菁英流通」（circulation of elite）概念，即菁英的組成分子不斷地改變，以維持其在系統的優位性。過往對鐵三角的觀察，雖說明日本決策過程菁英運作權力進行利益分配，但以為權威性的價值分配能夠維持政治穩定與有效的領導，顯然拘泥於利益誘導型的社會結構；尤其利益分配論的觀點排除了日本財界的能動

---

[19] Thomas R. Dye & Harmon Zeiglar, *The Irony of Democracy: An Uncommon Introduction to American Politics*, pp. 1-3.

性。相關論點圍繞著政官關係反覆推演，忽視外部產生利益的要素暨反饋力，是可維繫鐵三角更大能量的運作。

本書採用文獻分析法和比較分析法，探討菁英間如何在權力領導視角進行利益分配和交換而產生的關係，最終官邸主導成為現今左右日本政治權力的走向。由於文本資料係建構基礎概念之主要手段，透過事先建立之可靠資料加以邏輯的或推理的應用，故本書在探討日本政治發展之際，整理出其鐵三角階段性的差異。其次，在運用比較分析法方面，由於發現日本政治階段性發展和內部鐵三角關係的質變，因此就1990年代中期開始實施的新自由主義，比較前後日本菁英領導、利益交換等相關資料，以及傳統日本決策模式和因應新世紀的權力關係變化。所謂比較分析法，係就同一問題，將所蒐集到的資料比較其異同，相通者參考補充，相異者研究其不同，取其所長、捨其所短，如此才可觀察出日本企圖邁向新世紀政治進化的真實樣貌。

本書係以日本原有政治運作與現今狀況作為比較對象，並將其重點置於日本鐵三角動向觀察，進行資料蒐集、整理和分析，並不擴大其他對象進行比較。最後，建基於文獻分析法整理出日本傳統政治運作、權力領導和利益交換的互動，以及藉由新型政治運作之比較成果，本書認為日本政治面臨內部政黨環境轉變以及外部全球化衝擊兩要因下，造成鐵三角關係的質變，呈現菁英領導的權力關係和利益交換程式的不同。

然而本書的研究限制有二，第一，由於研究方法使用鐵三角關係，其理論基礎來自歐美等西方學說，在對照日本鐵三角發展之際，可能出現修正空間或補充之處，因此僅能部分套用西方模式解釋日本情況。第二，本書觀察後安倍政權的安倍經濟學或政黨政治的變化，然而官方的數據資料都比現今約慢一至二年才公布。因此受限實證資料最新數據的侷限，本書將盡最大能力蒐集和整理最新資料作為分析材料。

肆、分析架構

　　本書旨在探討日本政治在新世紀前後的差異，如何在權力領導視角進行利益分配和交換，呈現新型鐵三角關係運作。鐵三角關係是一種決策過程中的合作行為，它涉及國內的利益分配，以及行為者權力支配的狀態，無論是政官結合下的利益誘導，抑或政商關係採取合法化決策優勢，都不能忽視鐵三角維繫日本政治運作的功能。然而鐵三角運作的規則，在制度性因素下存在有制度的「黏著性」（stickiness）特色。意即當制度在權力式微或是權力構造出現重大變化，制度本身也能夠發生作用。[20]為此，本書考察戰後日本政治發展，同時也依循黏著性觀點說明鐵三角內部的質變，試圖解釋為何從以往官僚主導轉向政官關係運作的政黨主導，進而出現政商關係的互動等，試圖詮釋外部貌似不變，然內部卻重新整軍以維持其領導地位的鐵三角關係。

　　制度中的依賴路徑是一種政經制度或是政策發展的模式，依存在包含偶然要素的歷史脈絡中，讓制度可能產生變化。[21]日本決策過程的鐵三角關係並非一蹴可成，而是從日本近代化、工業化、資本主義化等過程中產生，藉由政官財三位一體的互動構成。鐵三角關係可視為一種制度化途徑，然而此關係的內涵並非一成不變，乃有質變現象以長期維持此關係的互動，或為適應環境而調整內部關係，依賴路徑讓制度可延伸連續性和維持機制運作。

　　產生依賴路徑（dependent path）的機制主要有三：報酬遞增、權力構造的連續性、理念。[22]報酬遞增的概念來自於經濟學，其觀點在於投入

---

[20] Keohane從國際機制中考察出制度的黏著性。意即當國際機制處於草創時期完成後，基於強國或霸權國在創設過程中扮演重要角色，機制本身的約束力。Robert Keohane, 1984, *After Hegemony*, N. J.: Princeton University Press.

[21] 佐佐田博教，2011，〈統制会・業界団体制度の発展過程－経路依存とアイティブ〉，《レヴァイアサン》，48號，東京：木鐸社，頁134。

[22] 同上，頁135。

相同生產要素帶來利益的增加。觀察日本鐵三角關係的發展，基於官僚管控技術、政治家掌握特權、企業家擁有資本，傳統的鐵三角運作帶來日本近代化、成功的國家發展以及經濟成長等具體成果。藉由鐵三角運作的優點，減少因為制度變動而產生危機，有利於現狀持續發展下去；權力構造的連續性方面，Knight認為制度不是為了制約團體或社會而產生的最適規則，而是為了分配利益或權力，在行為者們的相互衝突和磨合下的副產品。[23]因而在對應社會變動和政治環境之下，鐵三角內的行為者勢必有所磨合和交涉，連續其權力對政治的影響而形塑依賴路徑。

理念方面，由於政治議題的複雜性伴隨各種不確定因素，又或者無法獲得足夠資訊進行理性判斷時，則需有理念支持以維持依賴路徑。因為政治無法像經濟市場的商品一樣，透過價錢或品質來決定是否購買或支持，政治人物必須有自己的理念或信仰吸引民眾支持或跟隨。[24]如具有自由主義或社會主義理念的政治家，其政策必然有不同的理念支持和內容。另外，也有可能因為理念造成積極回饋效果（positive feedback），因而在制度發展過程中產生依賴路徑。佐佐田博教認為回饋效果有二，一是決策者理念會在一集團中得到超越世代的傳承，因此現有制度可被維持和重新建構。二是決策者理念會影響其他人，當多數人具有共同理念後，會對於現有制度的抵抗力低，如此一來不僅制度容易維持和建構，也就容易產生依

---

[23] Jack Knight, 1992, *Institutions and Social Conflict: Political Economy of Institutions and Decisions*, Cambridge: Cambridge University Press, p. 40. Jack Knight, 1995, "Models, Interpretations, and Theories: Constructing Explanations of Institutional Emergence and Change," in *Explaining Social Institutions*, Jack Knight (ed.), Ann Arbor: The University of Michigan Press, p. 108.

[24] 意識形態：Douglas North, 1990, *Institutions, Institutional Change, and Economic Performance*, NY: Cambridge University Press. 理念：Peter A. Hall (ed.), 1989, *The Political Power of Economic Ideas*, N. J.: Princeton University Press. Judith Goldstein, 1993, *Ideas, Interests, and American Trade Policy*, Ithaca: Cornell University Press. Bai Gao, 1997, *Economic Ideology and Japanese Industrial Policy: Developmentalism from 1931 to 1965*, NY: Cambridge University Press. 内山融，1998，《現代日本の国家と市場》，東京：東京大學出版會。文化：Elizabeth Kier, 1997, *Imaging War: French and British Military Doctrine between the Wars*, Princeton: Princeton University Press. 規範：Peter Haas, 1992, "Introduction: Epistemic Communities and International Policy Coordination," in *International Organization*, vol. 46, pp. 1-35.

賴路徑。[25]

　　因此本書就報酬遞增、權力構造的連續性、理念作爲分析架構來觀察日本鐵三角關係變化，由於鐵三角互動是基於歷史因素累積，並且因爲報酬遞增，讓鑲嵌其中的行爲者都樂於維持此關係。其次，爲持續權力構造的影響力，鐵三角關係內的行爲者爲了維持自我利益會形成既得利權結構。當權力不會出現太大變化之際，制度也就不容易改變，也就容易產生依賴路徑，讓鐵三角得以沿襲前規順利運作。最後，理念方面，則是基於鐵三角的決策者或菁英理念而制訂出政策，當理念影響到他人之際，也會產生積極回饋效果造成依賴路徑的出現和保存。

　　鐵三角關係對菁英們而言可降低政治成本、被迫改革風險等，以及制訂規則避免過度競爭和抑制最大衝擊的出現。然而依賴途徑的機制會受到三種影響：回應危機的需要、設法改革、理念力量以提升效能。爲了持續經濟上的報酬遞增必須適時地回應危機的需要，而權力構造的連續性也可能爲了提升效能而進行改革，以及理念當中涉及到階級力量的作用。階級力量的展現，會讓經濟菁英和企業干涉生產和意識形態，透過資助智庫、培養技術官僚、花錢購買媒體宣傳等，理念力量成爲左右依賴路徑很重要的關鍵。[26]如1980年代日本仿效英國和美國的小政府策略，採行新自由主義刺激國家經濟和減少財政支出，意即「新自由主義化過程經常需要商業和企業的力量……，或者更神秘地透過支配經濟理念的力量而施展」。[27]

　　本書以鐵三角理論作爲研究方法探討日本政治運作，觀察制度黏著性產生的依賴路徑發展，從官僚主導的權威性價值分配，分析行政指導、審議會造就的官商關係。爾後在五五年體制的政黨環境和決策過程中的自民黨

---

[25] 佐佐田博教，〈統制会・業界団体制度の発展過程——経路依存とアイティブ〉，頁136-137。
[26] David Harvey，王欽譯，2010，《新自由主義簡史》（*A Brief History of Neoliberalism*），上海：上海譯文出版社，頁115-116。
[27] 同上，頁133。

一黨優位制，探討建構政官關係的派閥政治和族議員。傳統日本政治重點置於資源分配，依循制度的黏著性和依賴路徑形塑出派閥和族議員的既得利權結構，結構中握有權力的行爲者們以報酬遞增和保守主義理念，共謀延續影響決策的權力。但新世紀起後冷戰結構和全球化衝擊日本政治，脫官僚、派閥式微、既得利權族議員的除去等都成爲政治標的，實施新自由主義的口號和強化內閣領導力的官邸主導成爲焦點。故對新世紀的日本而言，外部的北韓核武、中國威脅以及內部311海嘯重創國內政經發展等，鐵三角的菁英如何幫助國家從危機和頹廢中振作，相關課題有經濟全球化、國際政治權力移轉過程之安保重整、維持區域秩序和繁榮等之戰略目標重新設定。

　　本書試圖整理日本鐵三角互動過程中的角色與變化，以爲財力支持是利益分配的轉換，它不單是涉及利益交換的過程，更須獲得鐵三角權力互動的平衡，以及展現其中的靈活性。本書除第一章緒論之外，第二章爲「戰後日本政治發展和政官關係」，探討官僚主導的權威性價值分配、政黨主導的決策過程、政官關係的權力構造、政商關係的抬頭：族議員。第三章「21世紀起日本政治的新進化和政商關係」，說明日本企業的能動性和新自由主義、日本的新自由主義與官邸主導、日本新保守主義的理念。第四章「重返榮耀：安倍晉三政權的實與虛」，剖析全球競爭大國：安倍經濟學、軍事大國：安倍積極和平主義、安倍內閣的地球儀外交。第五章「解構日本政治新進化後的諸相」，解釋安倍政權和自民黨的支持率動向、在野黨的分與合、一黨優位制的變化與政商關係。第六章則是結論。簡言之，本書重點在於探討以下幾個要項，相關分析架構請參考表1-1。

　　一、以權力爲核心的利益分配和交換：鐵三角政官的權威性價值分配
　　　　以及利益交換。
　　二、日本鐵三角關係的變化：從封閉型到更緊密合作的決策過程。
　　三、新自由主義的實施和官邸主導。

表1-1　分析架構

時間	政治發展	鐵三角	政黨政治
戰後至1970年代	官僚主導	官商關係	一黨優位
1980至1990年代	政黨主導	政官關係	一黨優位
21世紀起	官邸主導	政商關係	穩健多黨制

*作者自行整理。

第 二 章　戰後日本政治發展和政官關係

　　戰後日本的國家發展和經濟成長得到高度讚賞，Chalmers Johnson認為是日本官僚發揮重要財經政策的司令部指揮角色，Richard Samuels認為是由政府主導與企業間的配合所形成，John Zysman則進一步提出除了政府和企業角色之外，重要的還有銀行角色，以提供資本順暢國家、企業間的資金流動。日本國家透過政府、企業、銀行三方配合形成的護送船艦方式（日文：護送船団，Envoy Fleeting），但在整體國家發展過程中，存在有不具強制性卻具有影響性的行政指導和審議會。[1]為此，日本在號稱民主體制下的自由經濟市場運作，國家透過政府官員空降方式干涉自由放任市場的遊戲規則，而審議會則是政府和企業進行討論和協議，成為連結國家與自由市場之間的溝通管道。

　　戰後日本政治發展從五五年體制到1970年代，官僚是建構國家願景的要角，尤以通產省和大藏省為是，國會運作和政黨政治尚未臻於成熟。爾後自民黨的長期執政搭建起政官關係的互動，跳脫以往官僚主導國家政策和民間企業發展的方向，發展出派閥政治和族議員以鞏固利權結構持續其長期執政。本章節藉由探討日本官僚主導的起源，和其進行權威性價值分配的主要手段，明瞭其成也敗的關鍵，觀察在決策過程中的權力變化。其次，第二部分分析日本自民黨主導的決策過程，在一黨優位制和派閥政治下政黨的重要性，呈現政官關係的互動。第三部分是日本政官關係的權力構造，論述政官關係的權力構造、自民黨內的決策過程等。第四部分是政商關係的抬頭：族議員，分析族議員的興起、族議員的溫床：政調會等；

---

[1]　鹽野宏，1999，《行政法》，東京：早稻田大學出版社，頁1-2。

最後則是小結。

壹、官僚主導的權威性價值分配

官僚主導係指政府以威權性領導發展國家，透過引進外資，配合政府的政策進行工業化，以達到國家經濟發展的目的。官僚主導過程中可觀察到政府威權性、外資導入、工業化等幾個重要關鍵。尤以1980年代崛起的亞洲勢力，亞洲國家的政府角色，不僅在產業政策上發揮領導作用，在資金和金融面也提供整體配套措施，以利企業與政府攜手合作達到互利的經濟成長目標。在政府帶領產業發展方向和提供穩定資金來源，讓民間企業建構起基盤後，政府與企業才得以邁入經濟發展的下一階段。第二個階段則是企業透過出口導向的經濟發展，在達到某種程度的民間企業資本累積之後，擴大企業規模實現工業化或達成產業政策目標。

日本的官僚主導其來有自，明治維新起展開的國家近代化進程，移植西方民主並且頒布《大日本帝國憲法》建立明治政府，然而政府的運作事實上是由藩侯勢力割據下形成。為避免藩侯相爭危害國家整體發展而出現的官僚主導，主要有超然主義、1940年體制、菁英論等的論調。延伸到戰後，Robert Wade從管理市場理論（Governing the Market），認為日本實施保護政策培植國內企業，以及在整體配套措施下提高產業的國際競爭力。[2]Chalmers Johnson從資本主義發展型國家論（Capitalist Developmental State），提出東亞高經濟成長諸國的成功，在於透過政府組織性安排訂定經濟計畫，且進行適度性地經濟干預，強調在經濟發展過程中政府的自主性。[3]因此官僚主導衍生出行政指導和審議會，成為輔佐建立官僚主導性

---

[2]　Robert Wade, 2004, *Governing the Market: Economic Theory and the Role of Government in East Asian Industrialization*, Princeton: Princeton University Press, pp. 26-27.

[3]　Chalmers Johnson, *MITI and the Japanese Miracle: The Growth of Industrial Policy, 1925-1975*, pp. 83-115.

之重要關鍵，以下就官僚主導、行政指導、審議會等說明日本官僚如何進行權威性的價值分配。

一、官僚主導

（一）超然主義：日本官僚威權單位的形成

　　日本官僚主導的淵源，可追溯到近代日本政黨政治形成之際，政黨爲了要抵抗行政官僚的專制，產生爭取自由民權諸運動。[4]此對立軸主要是由政府的超然主義對抗政黨和破除地方藩閥的權力之爭。[5]緊接著，1893年（明治26年）第二次伊藤博文內閣頒布《文官任用令》也與官僚主導相關。有別於以往天皇自由任命官員的型態，此任用令規定需經過考試合格方得成爲高等文官。1899年第二次山縣有朋內閣修正該法內容，除了親任官和特別任用的官員之外，主要的勒任官需擁有一定以上的資格；進一步，爲確保官員的中立性，還須由樞密院諮詢過後才決定是否可任用某官員。[6]此法於日本戰敗後廢止（1946年），然歷史性的先決要素，卻讓日本官僚制成爲與議會同等重要的決策機制。

　　《文官任用令》和行政機關的超然主義，造成往後日本官僚的行政中立甚而主導國家政策發展，成爲決策過程中的威權性單位。換言之，在早期日本官僚制發展過程中，官僚影響力早於國會和政黨發展，且爲避免

4　當時日本政治上的對立是由政府、自由黨、改進黨三者所形成的特殊三角關係。1881年由原本爲日本內閣寡頭指導者之一的板垣退助號召組成自由黨，主張國會一院制和主權在民，是當時主要推動自由民權運動的政黨。與當時的改進黨具相同政治理念，以成立日本政黨內閣爲目標，1895年成爲當時日本的最大政黨。

5　所謂超然主義，是日本第二代內閣首相大臣黑田清隆在公布《大日本帝國憲法》隔日（1889年2月12日）於鹿鳴館舉辦的餐會上，向地方官僚的主要演說內容，被稱之爲「超然主義演說」。內容爲「唯施政上之意見，人人各有不同，政治理念相同者集結成團，進而在社會中組成政黨之情勢是不可抗拒。然而政府須有固定政策方向，超然於政黨之外，位居至公至正之地。各位需留心此意味，以不偏不倚之心接近群眾，得以撫恤安民，進而有助國家昌隆。」《大日本帝國憲法》公布後，自帝國議會開設到大正初期，地方派閥與行政官僚共組成政府體系，此演說在於主張政府應超然於議會和政黨意見之外。大山郁夫，1997，《基礎》，東京：早稻田大學出版部，頁406-433。

6　大森彌，2006，《行政學叢書4官のシステム》，東京：東京大學出版會，頁43。

制度被破壞，官僚除了服膺於國家權力之下，也被設定爲中立立場，讓日本官僚制有別於歐美政黨輪替下的變動和政黨色彩。加上GHQ（General Headquarters）占領期間盟軍修改日本的《國家公務員法》，讓各省事務次官成爲官僚制最高管理者，爾後包含內閣立法提案的事務次官會議，成爲促成官僚主導重要的制約性條件。[7]

Karel van Wolferen認爲日本官僚權力的來源，並不是因爲菁英階級支配意識的影響，而是受到原先訂定制度後形塑的框架影響。此框架結構並未因戰爭結束而瓦解，也沒有受到GHQ實施的政經改革而重整，這種結構的影響力成爲沿襲戰前延續至戰後的慣行。而日本官僚體制可以延續到戰後的原因，主要在於占領軍並非是一種直接的軍事統制，而是透過與日本政府達成的間接統治。雖然戰後GHQ解散軍部和財閥，但是GHQ並未瓦解經濟官僚甚至其內涵和精神。因此，戰後仍然可以從權力重組過程中體現出官僚主導的傾向。

（二）1940年體制：大政翼贊會統合的延續

有別於超然主義的觀點，野口悠紀雄認爲近代日本官僚主導的權威性，是由戰爭期間建立直接輔助天皇的政治組織「大政翼贊會」所確立。大政翼贊會起源於1936年日本二二六事件之後，[8]當時由日本軍部確立法西斯體制，1937年開始與中國全面長期對戰時，大政翼贊會更進一步成立內閣企劃院作爲國家總動員的中樞機關。翌年頒布《國家總動員法》，揭示「爲達到國防目的，有效發揮全國之力量，統制運用人力與物資」目

7　福岡峻治，2007，〈行政改革と日本官僚制の変容—「官僚主導」から「政治主導」への転換とその課題〉，《現代法学》，第13號，東京：東京經濟大學現代法學會，頁123。

8　此事件發生於1936年（昭和11年）2月26日，受到大日本帝國陸軍內部皇道派影響，部分年輕陸軍將校以「昭和維新、尊皇討奸」口號，使用武力殺害國家元老重臣，企圖落實天皇親政和結束社會腐敗現象。起義的將校們透過軍部領導者要求天皇實施昭和維新，但軍部和政府皆認爲該將校們是叛亂軍，決意以武力鎮壓該組織。事件落幕後，日本軍部自此取得戰爭期間的權力核心，主導國家和政治發展。

的，強化國家統治的權力。[9]大政翼贊會以法西斯體制取代多黨制的議會制度，這是一種爲確立權力的支配體制和動員人民參戰所組成的官制國民統合團體，稱之爲1940年體制。[10]1940年體制係以經濟官僚爲中心而運作的內閣企劃院，其中最重要的是「革新官僚」。野口以1940年體制的延續，說明日本官僚的威權性和往後官僚主導的相關性。[11]

　　即使戰敗後的日本，官僚體制被消滅的僅有軍部，多數的省廳機構運作上仍與戰前相同。當時日本在GHQ的《公職追放令》下被放逐的官僚多達21萬人，但被放逐的非軍部官僚卻僅有2,000人，尤其主導財經的大藏省也才僅9名被放逐。GHQ雖然解散大財閥和消滅軍國主義思維，但是爲了日本戰後復興採取有效的資源分配，卻不得不借助日本官僚菁英的力量，反而更加強化日本官僚對社會的影響力。[12]因此，野口認爲支持日本經濟高度成長的官僚主導，基本上是源自於戰爭期間統力戰體制的延續。[13]

（三）菁英論：官僚內部領導地位型政治

　　野口悠紀雄以統合觀點分析翼贊會體制，稱1940年體制爲一種「社會

9　日本《國家總動員法》，1938，參考網址：http://www005.upp.so-net.ne.jp/horizon/yuuji/ soudouin2.htm，上網檢視日期：2008年6月4日。

10　1940年期間日本政府爲了應付戰爭經費，導入新的所得稅徵收制度，並以此財政收入作爲地方補助金的來源，形成中央透過財政支配地方的關係。另外，在國家總動員時期爲提供軍需以及國家整體的備戰力，以生產優先主義的增產作爲最高原則，政府盡可能屏除諸多不利生產的要素，如以各種補助金、金融政策措施、稅制實施等手段，以進行高生產性部門的利益或盈餘移轉，解決生產過程中的諸多問題，故整體的革新體制稱之爲1940年體制。

11　有別於以往藩閥出身或政黨人士出任的背景，加上明治維新起建立的官員任用制度，讓此類型的官僚對依據藩閥勢力關係所組成的既存政黨具有反抗心。他們提倡打破現狀，在其政治目的或理念上是與軍部、國家主義者、無產主義者、社會主義、共產主義者具有提攜關係。革新官僚並未大力招兵買馬地擴充成大組織，而是依照各省廳各自形成自我的團體，如以岸信介爲首的商工官僚，或者受到漢學家安岡正篤影響，而以國維會爲中心聚集的近衛文麿之一群。尤以近衛文麿爲主的新興革新派勢力，他集結當時麻生久的社會大眾黨、赤松克麿的日本革新黨、中野正剛的東方會，來進行「打倒米內內閣、樹立近衛內閣」運動。1940年10月更以此新體制運動爲中心，成立大政翼贊會。

12　岩井奉信，1988，《立法過程》，東京：東京大学出版会，頁148-149。

13　野口悠紀雄，1995，《1940年體制》，東京：東洋經濟新報社。

民主主義體制」，爲求戰爭目標和統籌運用國家有限資源，在目標價值體系之下建構權威體制和進行資源分配。但杉岡碩夫認爲野口提出的1940年體制與戰後的官僚主導之間有其斷裂性，其理由爲：(1)憲法精神，戰前係天皇主權的憲法與戰後國民主權的憲法差異甚大；(2)行政單位，戰前內務省作爲治安行政的中樞，都道府縣知事爲任命制；戰後廢止內務省，知事需透過民選擔任；(3)經濟體制，戰前依1938年《國家總動員法》施行，戰後則是在盟軍制訂的自由經濟市場型態。日本無論在憲法精神、行政單位、經濟體制上，戰前與戰後都有明顯的不同，無法充分說明統合方式下戰後日本官僚主導的延續。[14]

另外，杉岡碩夫也否認戰後官僚主導的超然主義觀點，他認爲戰前天皇主權與戰後國民主權的變動下，賦予官僚權限的來源不同，官僚威權理應在過渡期間出現斷裂，而不該出現有延續。反之觀察日本官僚制組織成員，各省廳的菁英官員大多來自著名大學，尤以東京大學法學院畢業者居多。同省廳的官員們透過同校前後輩的社群倫理，應用至官僚職場，提拔同類的後進人員以擴張勢力。此點與Hugh Helco提出美國官僚是「由相互不認識的人組成政府」大異其趣。[15]飯尾潤認爲日本官僚較其他國家具有自尊和榮譽，進而對組織具有忠誠度。[16]菁英論觀點下的官僚制度，其性質基於內部領導地位型政治進行活動，迥異於歐美官僚依據政策型政治運作下的行政體系。上述日本官僚主導的學說主張，有超然主義、1940年體制、菁英論等，相關權威構造、國家資源分配功能、目標價值體系運作差異，如表2-1。

---

[14] 杉岡碩夫，1997，《日本資本主義の大転換》，東京：東洋經濟新報社，頁142-144。

[15] Hugh Helco, 1977, *Government by Strangers*, Washington, D.C.: Brookings Institution.

[16] 飯尾潤，〈政治的官僚と行政的政治家〉，頁149。

表2-1　日本官僚主導之相關論調

	超然主義	1940年體制	菁英論
權威構造	官僚優於國會和政黨取得政策的主導權	軍部掌權（戰前）經濟官僚的持續性（戰後）	少數菁英的操作
國家資源分配功能	行政中立	基於戰爭歷史因素，在國家統合運作之下，官僚取得主導權	省廳間的利益對抗
目標價值體系的運作	超然主義	統合方式	高級官僚多數來自名校，在其理念和意識形態獲得政策主導

*作者自行整理。

二、行政指導

　　戰後官僚主導能夠形成有力的影響，在於採用行政指導和審議會機制。行政改革前的通產省被視為戰後日本經濟指揮司令塔，Okimoto認為通產省作為媒介國家和市場的角色，主要因為自民黨賦予的監控和服務角色、菁英論和官員空降，以及行政指導的重要性。雖然行政指導的範圍排除了初級產業、醫藥業、金融服務業、通訊業等，然而基於通產省領導日本經濟發展的前鋒，通產省可統合各產業在工業政策中的利益、解決衝突等。另一方面，對於夕陽產業也可藉由通產省對企業的行政指導，實施保護措施或產業調整等。[17]B. C. Koh在*Japan's Administrative Elite*一書中，也指出日本官僚實施的行政指導對地方行政與金融的影響。[18]

　　行政指導是具一種具規範性卻不具強制性的方式，用來磨合國家與企業間的利益衝突。若是企業秉持與政府相同的立場，當產業結構或經濟發展發生衝突時，政府機制就會介入和監督。接受政府行政指導的企業，並

---

[17] Daniel I. Okimoto, 1989, *Between MITI and the Market: Japanese Industrial Policy for High Technology*, US: Stanford University Press, pp. 112-114.

[18] B. C. Koh, 1989, *Japan's Administrative Elite*, US: University of California Press, p. 4.

不在相關法律上具有接受的義務，但若企業抗拒政府的行政指導，將有可能產生與政府部門關係的惡化，造成往後經貿活動的障礙。因此，即使有企業認為政府的行政指導不當，但仍勉強遵從的情況也常發生。繼而從中產生政商勾結的不透明性可能增加，同時也被國外或新加入企業屢屢投訴妨礙參加市場。1993年日本的《行政程序法》（日文：行政手續法）規定了行政指導的任意性、內容、明記責任者、基準的明確化等基本內容。事實上，行政指導的種類可區分有：助成型、調整型、規制型的內涵，助成型諸如保健指導、經營指導、農業指導等；調整型諸如仲介、斡旋等；規制型諸如抑制物價等。

行政指導依據《行政程序法》第6條2號：「行政機關在其任務或所掌控事務範圍內，為實現某一特定行政目的，要求特定者之一定行為或不作為之指導、勸告、助言等。」依此定義，日本的行政指導基本上有兩個特徵，一是軟性的威權力量，二是政府與企業間的互惠性同意。政府軟性的威權力量透過許可證的發放、補助金、融資管道與賦稅減免等手段影響，而政府與企業間的互惠性同意，則是政府為實現某政治經濟目的而進行。[19]

在這種不具規範性但具有強制性的行政指導之下，最具代表性的即是護送船艦方式。護送船艦方式原本是一種軍事戰略，為確保船艦間最慢船隻可配合整體速度所展現的一種統制方式。落實到日本戰後的國家發展，即是保障日本特定的業界能夠繼續存續且具有競爭力，將統制領導權委由政府官僚，透過政府發行或認可的權限統制業界全體。如戰後日本為確立金融體制以及避免金融機關倒閉和穩定經營，透過以日本銀行為主進行的金融政策之下，可進行金融產品調整、店鋪規制、新商品規制等行政指導，避免金融界的過度競爭。主要銀行體系時期對日本政經體制而言，具

---

[19] 蔡增家，2006，〈日本經濟發展的非正式制度因素：以行政指導及官員空降為例證〉，台北：《問題與研究》，第45卷第6期，頁111。

有兩面向：第一，主要銀行具有信用分配（credit allocation）的作用，以提供企業資金來源。第二，同時承擔起護送船艦任務。主要銀行體系採取專業分工，負責不同層級的資金調度與信用分配；而主要銀行與銀行之間以護送船艦方式，限制同業界廠商的過度競爭。[20]建立主要銀行體系的同時，日本政府施行將各銀行專業分工化的金融政策，如銀行不能從事證券和保險業務、長期信用銀行負責企業長期放款、都市銀行提供一般大衆的存放款業務等。[21]

行政指導的途徑主要以政策催化（日文：呼び水，Yobimizu）或產業內部調整進行。政策催化途徑是以推出配套措施，形成政府與企業的互惠性合作。產業調整途徑的行政指導對產業而言最具權威性，如通產省可透過頒發認許可證的直接干涉，控制企業是否可進入某業界或持續該業種的發展。直接方式有新加入企業的申請、設備投資的認許可驗證、規制產量和價格、限制新產品的導入等；或者透過資金分配、外匯存底、原材料分配、導入外資以及技術等方式限制企業發展。間接的手段則是以降低賦稅、提供補助金、低利融資，以及其他優惠措施來勸誘企業願意加入產業內部整體的調整。[22]

行政指導部分是依法行事，但多數情況無法律依據可循，甚至可能與法律相矛盾造成民間企業不滿。但是因爲各省廳具有對企業干涉與影響的認可權、決定權、監督權等，民間企業大多接受，這也是行政指導在日本行之已久的原因之一。[23]此一狀況遲至1995年木津信用組合倒閉後，護送船艦方式開始動搖，之後由橋本龍太郎內閣進行的「金融Big Bang」改

[20] 蔡增家，2003，〈日本銀行體系之政治經濟分析——從政府、企業、銀行與交叉持股觀察〉，《問題與研究》，台北：政治大學國關中心，第42卷第2期，頁55-78。
[21] 蔡增家，2004，〈日本自民黨再執政的政治經濟基礎〉，《人文及社會科學集刊》，台北：人文社會科學研究中心，頁67-68。
[22] 劉松貴，1989，〈戰後日本的關稅政策及其對外貿易管理制度之研究〉，台北：淡江大學日本研究所碩士論文，頁94-101。
[23] 上野裕也，1978，《日本の經濟制度》，東京：日本經濟新聞社，頁116-117。

革，以及往後設立金融廳，才逐漸減少金融界的行政指導。

三、審議會

　　另一個涉及權威性價值分配且作爲省廳間的協調者——審議會，係日本省廳部會機關內部下設的單位。由於日本官僚體制組織的系列化，各自省廳內部的審議會具有對應民間團體的交涉和收集情報功能。在1990年代以前，日本政經體制運作能達到成功的經濟發展，主要是在國家主導和與企業配合的互惠性同意下，降低協商的交易成本。政府並非積極干預市場（intervene market），而是遵從市場（conforming market）機制，因此，在政府與團體間扮演重要溝通橋樑的即是審議會的存在。[24]日本官僚主導之下，政府在制度面上規範了諸如產業政策、輸出入管制、財政融投等子制度，以形成整體的日本政經體制。在這些子制度交錯運作之下，出現的是審議會機制的溝通與交涉，而具體獲得企業利益和達到國家發展的目的，則是行政指導。行政指導可謂在日本政經體制中作爲子制度運作，完成日本的國家威權領導發展。

　　當然，日本政府並非一昧地使用國家威權去迫使民間企業與之合作，官商之間透過審議會制度溝通兩造的意見。審議會的重要性從1965年日本省廳中設立的數量攀升到277個即可看出端倪。[25]日本成爲經濟大國後，國內產業結構雖不再大力倚靠政府的產業政策培植，但1970年代起卻也由於龐大的外匯存底，造成日本與歐美間出現嚴重的貿易摩擦，依舊得倚賴政府主導紡織、鋼鐵、汽車、半導體等的輸出自主規制。1990年代的全球化與數位化潮流下，爲強化國際競爭力和活化經濟，日本政府將產業政策的重心置於IT產業和生化科技產業，審議會依舊擔負起協調省廳和產業間的管道。日本歷經數次的行政改革，1985年審議會數量共計有214個。

---

[24] Ronald Dore, 1986, *Flexible rigidities: industrial policy and structural adjustment in the Japanese economy, 1970-1980*, Stanford, Calif.: Stanford University Press.
[25] 辻中豐，1996，《利益集團》，東京：東京大學出版會，頁150。

1985年各省廳擁有多個審議會的排序分別是首相府50個、通產省33個、農水省22個、厚生省22個、文部省17個、大藏省17個、勞動省14個。[26]

　　依據1948年日本《國家行政組織法》第8條規定，審議會是「國家的行政機關，依據法律規範之業務範圍內，有關重要之調查審議、不服審查等需集結相關學者專家之合議制度，所設置的相關機構。」[27]審議會作為政府之公部門的諮詢機關，與其他私部門的諮詢機構功能是大不相同的。審議會作為省廳的諮詢單位歷史悠久，1951年在閣僚會議或是省廳會議下設的「審議會」或者「協議會」的數量已有33個。[28]另外，還有一種不基於法令而設立的私性質諮詢單位的審議會，此性質的審議會僅在閣僚決議或省廳大臣裁決之下才能夠設立。雖然不是基於法令而設立的，但此類審議會運作與公部門的諮詢機關同樣運作，且由各省廳的公費當作運作經費。[29]

　　事實上，戰後日本政府涉入國家發展的過程，亦可觀察到1980至1990年代為求降低與歐美的貿易摩擦和進行貿易自由化，在護送船艦方式式微的同時，日本政府改採大幅的官員空降到相關私部門或第三部門，以實質掌握自由經濟市場的發展方向。但過度的官商勾結等訴病，使得改革官員空降的聲浪不斷湧現，尤以大藏省或通產省爆發的非法政治賄賂醜聞，更是重創日本民眾對官僚的印象。自民黨政權為避免政官形象繼續惡劣，但同時又為維持既得利權層的利益，在1990年代起雖然進行了第三次的行政改革，卻也設立更多的審議會單位，以保持住與民間企業的對話管道。

---

[26] 辻中豊，1996，《利益団体》，東京：東京大學出版會，頁150。
[27] 日本《國家行政組織法》第8條：「第三条の国の行政機関には、法律の定める所掌事務の範囲内で、法律又は政令の定めるところにより、重要事項に関する調査審議、不服審査その他学識経験を有する者等の合議により処理することが適当な事務をつかさどらせるための合議制の機関を置くことができる。」日本《國家行政組織法》，1948，參考網址：http://law.e-gov.go.jp/htmldata/S23/S23HO120.html，上網檢視日期：2008年6月1日。
[28] 辻中豊，1985，〈私的諮問機関の役割と靖国懇〉，《ジュリスト》，東京：有斐閣，No. 848，頁67。
[29] 濱本眞輔、辻中豊，辻中豊、森裕城編著，2010，〈行政ネットワークにおける団体〉，《現代社会集団の政治機能》，東京：木鐸社，頁157。

　　日本官員空降型態主要可區分有四：(1)官員空降（日文：天下り，amakudari）：日本官員到達法定退休年齡後到民間企業工作，但有服務年限的限制且政府設有旋轉門條款以避免利益輸送；(2)橫向移調（日文：橫滑り，yokosuberi）：官員至半官營的法人機構就任，日本法律並無直接限制，且此方式可規避旋轉門條款年限限制，是日本政經體制中重要的政商管道；(3)迂迴轉調（日文：渡り鳥，wataritori）：透過迂迴管道退休官員至相關私人企業就任，以大藏省和通產省官員居多；(4)政界轉進（日文：政界轉進，seikaitesin）：為順暢政策擬定和執行，退休官員在利益團體支持下轉戰國會，成為國會議員，依專業性成為各政黨內部主要擬定政策者，依此方式成為國會議員的退休官員約占總議員的三分之一。[30]

　　無論是行政指導、審議會、官員空降的方式，在國家成功發展和經濟高度成長期間，日本民眾對於這些方式的正當性或合法性雖有存疑，但畢竟政府成功的策略掩蓋了民眾的質疑。1990年代起日本開始遭遇泡沫經濟的瓦解，緊接著邁入政治迷失期，這些方式開始受到明顯的批判和訴求改革的聲浪。在行政指導和官員空降方式受挫之際，取而代之的是審議會機制的運作。

　　由於審議會具有公性質或者私人諮詢兩類型存在，觀察1956至2006年審議會設立的數目來看，主要在1966、1978、2000年出現明顯的變化。觀察圖2-1，因為在這些年度都舉行行政改革，造成行政機關單位的變動，連帶審議會的數量也會產生變化。2000年日本進行第三次行政改革，中央行政組織由1府21省廳縮減為1府12省廳，審議會隨之也須進行統合或廢除。依據改革促進本部制定「審議會合理化基本計畫」，將現有審議會廢除至只剩78個，以及任務完成後即卸任之13個審議會。審議會的規模縮小

---

30 蔡增家，〈日本經濟發展的非正式制度因素：以行政指導及官員空降為例證〉，頁119-120。

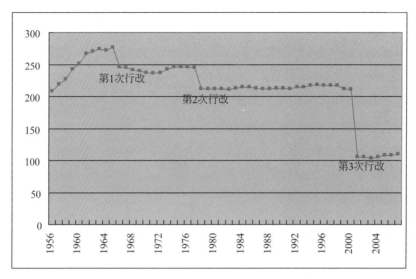

圖2-1　1956-2004年日本公性質審議會數量統計圖

*資料來源：濱本眞輔、辻中豊、辻中豊、森裕城編著，2010，〈行政ネットワークにおける団体〉，《現代社会集団の政治機能》，東京：木鐸社，頁158。

且功能逐漸式微，若是未來想申請新的審議會設立，在不經常活動、政策及標準制定、行政處分及不服審查等性質之審議會，原則上不予設置；且整合現有功能相似之審議會，並公開各項審查記錄及建立公聽會制度。這樣看來，雖然審議會數量看起來被大幅削減，但這僅意味著作為公性質的審議會被刪減，而非私人諮詢性質的審議會數量降低。

　　相對地，觀察圖2-2之具有私人諮詢性質的審議會數量，自1985年起急遽增加，甚至到了2008年數量更高達727個。當中尤以厚生勞動省146個、國土交通省133個、總務省101個、經濟產業省77個、文部科學省52個、農林水產省47個為多。[31]此點說明了即使當日本威權國家領導型中的行政指導和官員空降式微，但不代表日本政府放棄官僚的影響力，取而代之的是利用審議會機制，謀求更多與民間企業溝通的管道。

---

[31] 濱本眞輔、辻中豊，〈行政ネットワークにおける団体〉，頁160。

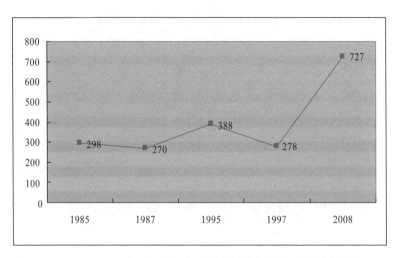

圖2-2　1985-2008年日本私人諮詢性質審議會數量統計圖

*資料來源：濱本眞輔、辻中豊，辻中豊、森裕城編著，2010，〈行政ネットワークにおける
団体〉，《現代社会集団の政治機能》，東京：木鐸社，頁159。

　　戰後日本在官僚主導之下歷經經濟重建、成長、穩定、衰退的階段
性變化，然官商結構下也衍生不少問題，主要有官員空降、政商勾結等。
Okimoto認為日本的官員空降重視退休後的安排、職場的倫理輩份，以及
提供影響決策的管道。[32]1980年代日本推動貿易自由化的當下，同時意謂
依靠官僚主導產業或經濟的力道開始式微。日本官僚為維持對經濟市場的
掌控，在官商兩造互惠性交易的前提下，大量運用官員空降方式以達到有
效掌控經濟的發展。許多國家都曾有行政權逐漸優於立法權或司法權的現
象，而造成國家職能擴大原因在於，人民生存權的確立和國家扮演促進經
濟發展的角色。日本官僚在1990年代以來逐漸受到挑戰，尤其是官僚體系
「可能隱藏著特權色彩及其對民主政治的妨礙」。[33]

　　在國家的經濟計畫或產業政策的制度面上，可觀察到戰後日本政府始

---

[32] Daniel I. Okimoto, *Between MITI and the Market: Japanese Industrial Policy for High Technology*,
　　pp. 163.
[33] 楊鈞池、許介鱗，2006，《日本政治制度》，台北：三民，頁166。

終涉入國家發展，設定不同階段的國家目標。如戰後初期爲復甦經濟目的
進行的傾斜生產、經濟成長期重點式發展的重化學工業、歐美貿易摩擦期
之輸出自主規制、1990年代強化國際競爭力和活化經濟目的等。日本國家
可在不同階段獲得企業的配合和支持，除了政府規範的正式制度之外，尚
有存在於各制度規範中，透過行政指導、審議會的非正式制度連結其緊密
的管道，達成日本政經體制的運作。但是行政指導、審議會等非正式性的
手段，事實上在日本國家發展過程中出現不同比重的變化和衍生弊端。

貳、政黨主導的決策過程：一黨優位制

　　前述戰後日本官僚透過各種管道涉入國家發展和經濟成長，歷經1970年
代經濟高度成長，但1980年代國際貿易化和1990年代全球化潮流下，日本
經濟開始受到衝擊。在日本官僚主導的各種規範和強制性方式下發展的經
濟和企業，自1985年廣場協議後開始面對「失落的十年」。1970年代起日
本政黨開始取代官僚在決策過程上的重要性，主因有下列：第一，GHQ
解散了大財閥，但是政策實施時間過短並且不夠徹底的情況下，只不過將
大財閥從戰前的家族制轉爲社長制，從產業財閥轉變成金融財閥，同時也
從戰前三大財閥變成戰後六大財閥。從三菱、三井及住友集團三大財閥，
轉變爲戰後六大財閥——三菱、三井、住友、富士、第一勸業及三和集
團。這些戰後日本的大財閥長期支持保守勢力，成爲自民黨主要政治獻金
來源。其次，日本頒布《農地調整法改正案》後讓小農及佃農取得農地，
卻也讓戰後農業發展深受政府制約。另外在自民黨規劃下，各地成立新的
農民組織即「農業協同組合」，其主要幹部來自地方政治人物，並在政治
利益考量下與保守勢力結合，成爲自民黨地方政權主要支持者，也是自民
黨能夠長期執政的主要票房保證。

　　1955年爲了增加國會中的席次，日本的左派社會黨和右派社會黨決定
合併；而保守勢力爲了和社會黨的統一力量抗衡，自由黨與民主黨正式結

合成爲日本自由民主黨，並推舉鳩山一郎爲第一任自民黨主席，揭開自民黨長達三十八年的執政。在自民黨軟性權威民主政治下的內閣體制，將日本的國家權力從戰前的天皇轉移至內閣及首相身上；而1955年所形成的自民黨迅速在國會中取得穩定的多數後，造成「保守本流」勢力的形成，並且在美國強力支持下獲得長期執政的保證。此後，保守派的自民黨與革新派的社會黨、共產黨二股勢力相互對抗，形成「五五年體制」，亦是在國會決策過程時呈現的一黨優位制。

五五年體制起開創自民黨在國會決策過程中的相對優勢，佐藤誠三郎、松岐哲久、森本哲郎、村松岐夫、Pempel等人將之稱爲「一黨優位制」。[34]1955年成立的自民黨發表〈新黨政綱〉（日文：新党の政綱），訴諸國家整體發展所需的經濟計畫之重要性。財界方面則是沿襲戰爭期間與政府合作方式，認同國家理念而與之搭配出鐵三角的合作關係。[35]1959年日本政府公布《通商白書》，以「防止輸出的過度競爭」（日文：輸出における過当競争の防止）爲題，承襲戰爭期間翼贊會的統制方式，讓國家可以干涉自由市場的競爭。五五年體制起的自民黨政權，以保守主義爲主流意識、與財閥過密的政商關係，和經濟立國的目標之下，1960至1972年在自民黨池田勇人首相及佐藤榮作首相等官僚體系的主導，形成日本經濟快速發展的黃金年代，同時也是奠定自民黨長期執政的基礎。

池田－佐藤時期對日本決策的影響有以下幾點：第一，所得倍增計畫有效的將日本人民的注意力，從美日安保議題轉移至經濟議題上，徹底瓦解左派革新運動的勢力，而經濟不斷的成長亦鞏固了自民黨未來三十年的統治基礎，同時也讓自民黨的勢力，從國會延伸至企業機構以及地方政

---

[34] 佐藤誠三郎、松岐哲久，1986，《自民黨政權》，東京：中央公論社。森本哲郎，1994，〈一党優位と正統性－自民党体制とゴーリスト体制－〉，《レヴァイアサン》，臨時增刊號，頁139-164。T. J. Pempel、村松岐夫、森本哲郎，1994，〈一党優位制の形成と崩壊〉，《レヴァイアサン》，臨時增刊號，頁11-35。

[35] 佐佐田博教，〈統制会・業界団体制度の発展過程－経路依存とアイティブ〉，頁144-145。

治。第二，日本政府主要的決策體系是官僚體系及自民黨派閥，而並非在民選的國會，這讓日本國會變成自民黨派閥及官僚體系協議下的橡皮圖章；另外，在日本內閣制度下所推派的部會大臣都是自民黨派閥領袖，他們是選舉出身，對於經濟、財政等專業問題並不瞭解，因此便充分授予底下官僚體系極大的決策權。第三，當時自民黨內部的主要三派閥，[36]藉由不斷的吸收議員逐漸壯大，並且透過議員成員的多寡來決定派閥在黨內勢力的大小。此種派閥網絡勢力成為自民黨內權力結構最大的特性。第四，日本在1960年代經濟可以快速發展，主要是因為日本政府控制下的主要銀行體系，提供企業源源不絕的資金；另外，企業也可以設立銀行，讓銀行與企業間緊密的交叉持股，確保企業能夠透過旗下銀行獲得低廉資金。

　　日本國會在戰後初期並未發揮良好作用，有學者稱之為「國會無用論」（戰後至1970年代）。由於五五年體制起實質的決策重心在於自民黨，國會功能不彰顯以及國會審議法案的形式化，自民黨成為支配利益團體或地方團體爭取資源的關鍵。此階段日本國會內部呈現兩黨爭奪政權的對立，卻非關注國民相關議題，國會僅能形式上承認官僚所提的法案，形成國會無能論的見解來源。即使到了1980年代，William Kelly與Merry White認為日本在野黨是以內部事務和政治家個人為主運作，不重視政治活動與國民互動，故在政治上被邊緣化。[37]因此自民黨在1955年之後能夠持續在國會中掌握三分之二的席次，主要是策略的成功；[38]進一步，在1960年之後成功地將美日安保議題及修憲爭端，轉為全力發展經濟議題。而自民黨在經濟發展上的成功，也奠定了往後三十八年的執政基礎。1955

---

[36] 自民黨派閥在1960年代透過接班人體制不斷的延續下去，內部主要三派閥分別為：(1)吉田茂將派閥移交給池田勇人及佐藤榮作；(2)岸信介將派閥移交給福田赳夫；(3)鳩山一郎將派閥移交給石橋湛山。

[37] William Kelly & Merry White，Peter J. Katzentein、白石隆編，王星宇譯，2012，〈學生、閒散人員、單身者、老年人和外來者：改變一個家庭國家〉，《日本以外——東亞區域主義的動態》（*Beyond Japan: The Dynamics of East Asian Regionalism*），北京：中國人民大學出版社，頁70-89。

[38] 1955年12月發布「經濟自立五年計畫」，設定在五年之內達到經濟成長率4.9%的目標在二年之後就達到了。

至1960年是戰後日本五五年體制成立，並確定由保守政黨執政與經濟發展的方向。

就外部環境而言，冷戰時期日本擔負起美國在東亞地緣政治的前哨戰，在經濟立國原則下，官僚成為創造國家願景的要角，同時基於安保和經濟利益，長期執政的自民黨施策需符合國家安全與經濟成長，卻讓民間企業的發展被制約在國家發展框架和服膺於政治意識形態。[39]五五年體制以來的長期執政，自民黨歷經無數次國內外挑戰卻能屢屢過關斬將，Pempel認為自民黨對「調整政策以緩和市民的不滿」很有技巧，[40]呈現出日本式民主運作。[41]因此戰後日本政治在自民黨長期執政，特色在於一黨優位制和衍生的派閥政治、族議員等。

進一步觀察五五年體制下的自民黨政權特色，在於派閥政治和族議員現象。基於冷戰時兩極結構和國內穩定的政黨環境，日本政治重點置於自民黨內部的派閥和族議員主導利益分配體系的運作。派閥和族議員造成的既得利權結構，可視為豬肉桶政治分配（pork barrel），而日本的「經濟部門和公司成為國庫半永久性的保護對象」，[42]讓自民黨成為乞討者及政治家的工具。[43]政黨的重要性取代以往官僚主導日本政策發展的趨勢，而官僚為延續其影響力，Pempel認為日本官僚通過自民黨內部分工化的政策調查會（簡稱政調會，Policy Affairs Research Council）及其部會、其下屬

---

[39] Peter J. Katzentein，Peter J. Katzentein、白石隆編，王星宇譯，2012，〈東亞──日本以外〉，《日本以外──東亞區域主義的動態》（*Beyond Japan: The Dynamics of East Asian Regionalism*），北京：中國人民大學出版社，頁12。

[40] T. J. Pempel, Peter J. Katzentein、白石隆編，王星宇譯，2012，〈10年的政治低迷：當政治邏輯戰勝經濟理性〉，《日本以外──東亞區域主義的動態》（*Beyond Japan: The Dynamics of East Asian Regionalism*），北京：中國人民大學出版社，頁40。

[41] T. J. Pempel, ed., 1990, *Uncommon Democracies: The One-Party Dominant Regimes*, Ithaca: Cornell University Press.

[42] T. J. Pempel，〈10年的政治低迷：當政治邏輯戰勝經濟理性〉，頁45。

[43] Jacob M. Schlesinger, 1997, *Shadow Shoguns: The Rise and Fall of Japan's Postwar Political Machine*, New York: Simon & Schuster, p. 109.

單位聯合起來形成一種互動的政官關係，稱之爲「嵌入式重商主義」。[44]

參、政官關係的權力構造：派閥政治

自民黨內部最被注目的政治現象莫過於派閥林立。政黨內部出現數個組織化的次級團體稱爲派閥（habatsu）。做爲一個派閥的領導者，必須想辦法募集政治資金，而該派閥須成爲旗下議員選舉之際競選活動的主要陣營。派閥形成的來源是由於戰後自民黨內部進行黨主席（日文：總裁）選舉之際，各派閥爲爭奪該黨領袖之位，掌權的議員爲拉抬聲勢，拉攏議員加入該派閥；相對地，參加派閥的議員可得到領導者的官僚人事推選或選舉支持，派閥成爲仲介政府官位或是政黨要職的非正式機制。

由於自民黨是自由黨和民主黨的結合，成立之初內部已有保守本流的自由主義派與保守支流的民主主義派的意識形態對立。長期以來多數是由保守本流的自由主義派領導政黨和進行政策的資源分配，也導致自民黨內部的派閥歷經八個軍團、三角大福中等時期。尤以三角大福中時期爲派閥政治的頂峰期。此時期輪番上場田中角榮（1972-1974年）、[45]三木武夫（1974-1976年）、福田赳夫（1976-1978年）、大平正芳（1978-1980年）、中曾根康弘（1982-1987年）的派閥領導者，[46]同時也代表黨內勢力均衡下輪番擔任首相的潛規則。其中以田中角榮的「日本列島改造論」、大平正

---

[44] T. J. Pempel, 1999, "Structural Gaiatsu: International Finance and Political Change in Japan." *Comparative Political Studies* 32, no. 8 (December), pp. 907-932.

[45] 田中首相實施凱因斯主義路線，以增加公共建設以及擴大內需市場等，試圖讓日本成爲福祉型社會。而大平首相的田園都市國家構想，是以建設日本型福祉社會，和結合都市與鄉村活力爲砥柱的內政發展，外交上以固守美日安保之外，促進綜合安全保障戰略和樹立環太平洋連帶關係的多邊主義運作。日本自民黨，2017，〈党のあゆみ〉，https://www.jimin.jp/aboutus/history/prime_minister/100341.html#more，上網檢視日期：2015年6月2日。

[46] 中曾根康弘則是更進一步地「強化自由貿易和推動市場開放」、「擴大對世界經濟活性化之貢獻」、「維持世界和平，強化與美國、東協等亞洲、西歐諸國之自由主義國家的連帶關係」、「推動軍縮和擴充綜合安全保障體制」等。日本自民黨，2017，〈党のあゆみ〉，https://www.jimin.jp/aboutus/history/prime_minister/100339.html#more，上網檢視日期：2015年6月2日。

芳的「田園都市國家構想」、中曾根康弘的「戰後政治體制總決算」等政治理念著名。

這些派閥領導者的意識形態，勾勒出日本需轉型成為福祉型社會、推動城鄉發展、貿易自由化等。加上長久以來日本的在野黨往往都是以黨內和個人政治家事務為重心，而不是追求政治活動的政黨或人民團體，故在政治上被邊緣化，也就無法形成與自民黨相抗衡的勢力。[47]因此自民黨內部的保守本流意識形態往往左右了日本的決策，同時也鞏固了派閥運作。自民黨作為一超大政黨，內部突顯政策分類需更加細化，出現社會各領域的利益集合和審議的重要性。[48]即使全球化時代來臨，自民黨內部的派閥對抗區分為保守派和改革派，小泉政權雖屬於改革派一員，但黨內仍屬保守本流政治意識的氛圍。為此，派閥建構起的政官關係，藉由下列自民黨的派閥政治、黨內的決策過程：黨三役和政調會，探討形諸此階段鐵三角關係中政官互動的依賴路徑。

一、自民黨的派閥政治

自民黨的長期執政形塑國會無用論、鐵三角關係等現象，促成其在國會決議時的一黨優位，體現在政黨作為政策決定、組織管理、社會利益代表等三功能，因而產生政官的權力構造。首先，政策決定方面，自民黨最被注目的是與政府之間的關係，尤其在決策過程之中，自民黨往往會透過黨內的高級幹部、政調會、派閥、研究會等正式或非正式組織運作來影響政府的決策。因此，想要分析日本的決策過程，就必須要瞭解自民黨與政府之間的關係。組織管理方面，自民黨基本上是全體黨員服從黨約，而黨內運作倚靠派閥和年功序列（當選次數）為基礎，以決定何者可成為黨幹部或閣員資格。但自民黨派閥組織的過度競爭，卻產生派閥政治的現象。

---

[47] William Kelly & Merry White, Peter J. Katzentein，〈學生、閒散人員、單身者、老年人和外來者：改變一個家庭國家〉，頁70-89。

[48] 野中尚人，2008，《自民党政治の終わり》，東京：筑摩書房，頁114。

針對此現象，豬口孝認為1955至1974年派閥政治是以勢力均衡的力學，成為一種最小勝利連合的原則，但是到了1974年起，則成為總主流體制的一種全員參加連合原則。[49]

具體而言，1955至1974年是以最大派閥來推選出首相（稱為「八大軍團」時期），1974年起則是以輪流方式來產生首相（稱為「三角大福中」時期）。伴隨派閥競爭力學的改變，自民黨內部組織急速的制度化，相對地形成秉持全員一致原則的總務會的重要性日漸增加。而年功序列係指在黨內層次依據議員當選次數、擔任重要幹部的次數、派閥代表次數而予以提拔；在派閥層次則以議員當選次數和參加派閥期間的長短決定，成為黨內人事升遷的官僚化晉升制度。因此，無論是派閥競爭或是年功序列，自民黨的組織管理方式與長期執政有著密不可分的關係。社會利益代表方面，由於自民黨中央的利益代表活動是以募集政治資金為主軸，透過募款能力來決定何者可成為主要幹部，之後才有資格參與政府資源分配的策劃。因此，這樣的執政黨幹部晉升方式，讓政黨所謂的利益代表意涵，逐漸偏移代表地方性選民的志向。故自民黨的地方性社會利益代表，僅形成掌握地方動向的地方探知裝置，而非實質代表地方民情，[50]派閥介入政黨決策過程的影響力加大。[51]

由於「自民黨控制地方，官僚控制中央，兩者彼此共存的結構下，產生了以補助金為基礎的利益分配政治」。[52]日本決策過程主要圍繞著國家總預算編列的交涉與討價還價，以自民黨的政調會作為分配機制，因而產生黨內派閥利益的競逐。山口二郎認為日本的政官關係發展，因為執政黨的決策單位可以讓行政官僚直接參與，雖然可以明確政府和執政黨之間

---

[49] 豬口孝，2002，《現代日本政治の基層》，東京：NTT，頁110-120。

[50] 同上，頁115-125。

[51] Gerald L. Curtis，山岡清二譯，1987，《日本型政治の本質－自民党支配の民主主義》，東京：TBSブリタニカ，頁102。

[52] 尹懷哲，2003，《日本族議員在行政改革過程中的角色分析》碩士論文，宜蘭：佛光大學，頁101。

的政策內容，卻也導致政治家和行政官僚互動過密。加上冷戰期間日本以經濟立國為發展目標，因此國家政策不會有意識形態、理念對立等太大變化，造成日本政官關係互動良好。[53]

二、黨內的決策過程：黨三役和政調會

由於自民黨的一黨優位，因此決策過程重點在於黨內的派閥均衡，而非在國會的政黨對決，也因此自民黨政權下的首相，基本上是基於派閥勢力均衡而選出，用以協調派閥間的利益關係。[54]派閥透過政黨的控制，議員也自律性地加入各派閥，讓派閥在中選區制時代突顯重要性。由於執政黨在國會與在野黨對峙，需保有過半的席次以確保多數穩定席次，議員和派閥對政黨而言，具有提供執政黨成員資格和提名政務官之集合財（共通利益）存在，故政黨的集合財、派閥、議員目標之間需有某程度的調整。[55]各派閥擁兵自重，各占其政策領域的鰲頭，派閥領導者擁有足夠的領導權控制，和要求所屬議員配合該派閥的整體意向。爾後派閥與派閥間則是以上位的領導者進行政策協商，最後將派閥間協商後意見轉達給政調會。若派閥領導者間無法出現共識或協商失敗，則委由政調會做為政黨內部最高上位者的角色，協調統合最終政策的提出。

自民黨的運作與政策領導是倚賴總務會長、幹事長、政調會會長組成的黨三役和政調會的機制。黨三役的任務在於避免執政黨產生政策的偏差、提供議員政策參考的內容、監視政府，運用拒絕權、官員人事權、官員退休金等手段，以便作為與官僚協商時的籌碼。[56]黨三役是政黨的中心

---

[53] 山口二郎，2011年5月21日，〈政権交代と政官関係の変容／連続－政治主導はなぜ失敗したか〉，日本行政學會研究會論文，頁2-3。

[54] 中邨章編著，2001，《官僚制と日本の政治改革と抵抗のはざまで》，東京：北樹出版社，頁108。

[55] 伊藤光利，〈官邸主導型政策決定と自民党－コア・エグゼクティヴの集権化－〉，頁14。

[56] Ramseyer & Rosenbluth，加藤寬監譯，2006，《日本政治と合理的選択》，日本：勁草書房，頁11-14。

性人物，視爲層峰組織重要的領導人物，往後也可能成爲黨主席後繼而擔任日本首相之職。爲此，各派閥領袖都傾向爭取黨三役職位，以得到政黨內部更多資源，但其仍須依照當選議員的次數和年限，來判別其是否有資格擔任上位者。

　　因此，就政黨的人事安排年功序列制，安排黨的重要幹部與閣員升遷。要成爲政黨內部重要幹部（如表2-2所示），需有一定的當選次數，而後才能擔任重要職位。在此種升遷模式下，自民黨的中堅議員多數成爲政調部會的部會長、黨中央組織的要職，以及內閣相關要位。[57]

　　因此，政調會是自民黨派閥協調政策的重要場所，派閥領導者於該會協調決策過程，成爲某種形式化的政策過程。[58]政調會對應行政省廳而設立各部會，甚至更細分下設小委員會。又或者會依據政策領域設置調查會或特別委員會，如建設部會下的道路調查會，成爲自民黨與行政省廳溝通，以及與外部利益團體對話的管道。小泉政權起爲了對應新議題，也會

表2-2　自民黨議員典型的資歷升遷

當選次數	政黨、政府要職
1次	政調部會成員
2次	國會的常任委員會理事 政務次官 政調部會副會長
3次	政調部會部會長
4次	黨副幹事長 自民黨本部局長 派閥營運（「閥務」）
5 or 6次	閣僚

*資料來源：佐藤誠三郎、松岐哲久，1986，《自民党政権》，東京：中央公論社，頁39。

---

[57] 同上，頁83。
[58] Lee W. Farnsworth, 1967, "Social and Political Sources of Political Fragmentation in Japan", *The Journal of Politics*, vol. 29, no. 2, Southern Political Science Association, p. 287.

取名爲特命委員會或特別調查會，或者是Project Team（簡稱PT）。相較之下，小委員會可能爲了因應時代潮流，將根據社會變化或政策議題被廢止的也不少。[59]

政調會作爲自民黨內部共識形成的重要單位，議員的後援會若屬經濟勢力弱或規模小的壓力團體，則不會在政調會直接向上位者提出議題。而自民黨上位者若具有特殊利益或意見相左時，政調會最後依據官僚的判斷來做出決策。透過政調會媒介政策調整的機制，自民黨長期執政出現政黨主導政策和政官關係的過從甚密，在決策過程中即可看出派閥和族議員影響力，具有權力結構的連續性。由於自民黨擁有分配黨三役等高級幹部和國會、閣員的政府重位人事決定，而黨內決策系統又因派閥出現系列化狀況，故有關人事安排透過派閥決定後委由政調會進行決策。雖然有學者主張派閥間對立具有均衡財政功能的爭論，或者外交上鷹派或鴿派路線的態勢對立，但事實上派閥間的意識形態對立不明顯。[60]

肆、政商關係的抬頭：族議員

派閥政治如火如荼的發展，連帶地族議員的重要性也日增。1960年代由於日本經濟成長帶動社會的分工化和專業化，也促成產業蓬勃發展和利益團體興盛，自民黨政調會和族議員勢力興起，威脅當時主導政治的官僚優位。[61]尤以自民黨長期執政，黨內作爲決策單位的政調會更是培育族議員的重要場域。從一黨優位制來看族議員興起，可謂是代表日本多元主義的運作。1970年代起執政的自民黨面對產業結構和選民層等變化，出現政權轉型的新契機，同時也讓族議員成爲銜接主導政策發展的要角，延續自民黨長期執政的政官關係運作。

---

[59] 野中尚人，《自民党政治の終わり》，頁114-115。

[60] 恒川惠市，1998，《企業と国家》，東京：東京大學出版會，頁138-139。

[61] 尹懷哲，《日本族議員在行政改革過程中的角色分析》，頁7。

　　飯尾潤對族議員的定義是對於特定領域政策具有影響力者，[62]大宮
知信認爲族議員是媒介官僚和利益團體之間的利益共同體。[63]甚至有些族
議員是官僚退休後轉換跑道成爲議員者，「族議員是官僚主導性的一種
延伸……」。[64]研究族議員最著名的是豬口孝和岩井奉信共著的《族議
員》，[65]依據其觀察，認爲日本在自民黨長期政權之下，官僚勢必與執政
黨的族議員保持互動以利法案擬定，形成一種密切的政官關係。而族議員
逐漸承接派閥在決策的影響力，讓鐵三角關係得以延續，卻也成爲政官關
係中政黨內部權力移轉的關鍵，族議員興起是派閥政治式微後的一種理念
承續的轉變。

　　即使自民黨的派閥政治橫行一時，然衍生的金權政治仍被詬病，導致
1993年自民黨首度失去政權而喪失決策過程的一黨優位，以及1994年選制
改變後派閥式微。日本傳統鐵三角關係欲依賴政官關係影響決策的方式開
始受到考驗，要維持住政官關係不能單賴派閥均衡，取而代之的是族議員
的影響力，展現鐵三角依賴路徑的「黏著性」。族議員的出現，堤英敬、
上神貴佳認爲以往基於中選區制的制度因素，導致日本政黨內部凝聚政策
共識的影響力不大，多半是由聚集特定領域的議員們聯盟，或是因爲地緣
關係才促成。[66]事實上，也有其他學者認爲從1972年衆議員選舉開始，來
自高級官僚轉換跑道者已經變少，加上兩次石油危機影響日本經濟，族議
員在此時反而變成協調各省廳的關鍵。由於日本沒有發展出如美國公關公
司的遊說方式，此時族議員「扮演了遊說行政機關的角色」、「掌握政

[62] 飯尾潤，〈日本における二つの政府と政官関係〉，頁16。
[63] 大宮知信，1993，《経済と行政の関係が一目でわかる事典－ポイント解説》，東京：明日香。
[64] 謝明吉，2002，〈日本行政改革對於政經制度影響之分析（1994-2001）〉碩士論文，台南：成功大學政治經濟學研究所，頁30-31。
[65] 豬口孝、岩井奉信，1987，《族議員》，東京：日本經濟新聞社。
[66] 堤英敬、上神貴佳，2007，〈2003年総選挙における候補者レベル公約と政党の利益集約機能〉（Party Policy Coherence in Japan: Evidence from 2003 Candidate-Level Electoral Platforms），東京：《社會科學研究》，第58期第5・6卷，頁34。

策決定的幕後黑手，並從中獲取利益的國會議員」。[67]族議員除了爲了自我利益之外，還必須在特定領域中具有一定的專業知識才能夠發揮影響力。[68]甚至爲了追求利益，族議員會「經由正式與非正式管道，對特定政策領域發揮強大影響力的議員」。[69]只要政治家的利益隨社會成員的效用增加，捐獻博弈的均衡必定對整個社會是有效率的，也造就族議員存在的正當性理由。[70]

　　然而政黨政策的決戰場在於國會法案的議決，E. S. Krauss的*Conflict in the Diet: Toward Conflict Management in the Parliament Politics*一文中，認爲日本國會功能的重點置於社會經濟利益的龜裂和菁英層級的作用。[71]此時期日本國會呈現的是政府的優位性、官僚制度的重要性、執政黨與官僚的結合（即官僚的執政黨化），這些因素形成國會由官僚主導型轉向自民黨（政調會）主導。五五年體制下自民黨的長期執政，導致決策權力集中在於黨內決策單位，而非國會中的政黨對決。因此作爲自民黨制訂政策的政調會，下設對應各省廳的部會，以利進行政策調查、制訂等。觀察政調會各部會長資格，多半是由族議員擔任。[72]自民黨議員透過政調會和國會常任委員會的活躍，增大了該黨的政策能力。事實上族議員的產生，首先是透過派閥比率分配人員到政調會下設的部會，爾後當議員熟悉特定領域議題後，往往成爲該領域的代言人，進而影響政策內容和決策。

　　下列對日本官僚進行的調查中顯示，族議員是省廳以外非常具有政

[67] 尹懷哲，《日本族議員在行政改革過程中的角色分析》，頁10-39。

[68] 村松岐夫、伊藤光利、辻中豊，1992，《日本の政治》，東京：有斐閣，頁151。

[69] 飯坂良明、富田信男、岡沢憲芙，1987，《政党とデモクラシー》，東京：學陽書房，頁289。轉引自尹懷哲，《日本族議員在行政改革過程中的角色分析》，頁19-20。

[70] Gene M. Grossman & Elhanan Helpman，李增剛譯，2005，《利益集團與貿易政策》（*Interest Groups and Trade Policy*），北京：中國人民大學出版社，頁9。

[71] Ellis krauss, 1984 "Conflict in the Diet: Toward Conflict Management in the Parliament Politics", Ellis krauss, Thomas Rohlen and Patricia Steinhoff. eds., in *Conflict in Japan*, Honolulu: University of Hawaii, pp. 243-293.

[72] 周代尉，2001，〈由新制度論探討日本預算政策之變遷（1971-2000）〉碩士論文，台北：台灣大學政治研究所，頁72-73。

表2-3　日本省廳外具有影響力者

職位 時間	首相	大藏省	其他 省廳	執政黨 領導	執政黨 政調會	族議員	在野黨	國會 委員會	審議會
1994	27.5	11.2	1.6	4.8	7.2	30.3	-	-	3.2
1984	21.7	20.3	1.6	2.8	5.6	23.5	0.4	-	4.8
職位 時間	相關 團體	媒體	官房 長官	外國	地方 政府	沒意見		合計 (%)	總數
1994	6.4	1.2	0.4	0.4	-	6.0		100	251
1984	9.6	1.2	0.4	0.4	-	8.4		100	251

*資料來源：村松岐夫，1994，《日本の行政－活動型官僚制の変貌》，東京：中央公論社，頁222-223。
　　轉引自尹懷哲，2003，〈日本族議員在行政改革過程中的角色分析〉碩士論文，宜蘭：佛光
　　大學，頁13。

策影響者，無論是在1980或是1990年代，都顯見其影響力超越其他決策者
（如表2-3所示）。[73]

　　除此之外，族議員能夠成為連接政黨和利益團體的媒介之外，尚有
因為日本的內閣屬於「官僚內閣制」。日本和英國雖然同屬內閣制，然英
國的議會內閣制必須執行政黨公約以維持政權，而日本則偏屬「官僚內閣
制」。換言之，自民黨的長期執政，導致政黨不需過於重視落實政黨公約
的程度，穩定的政權反而導致內部行政省廳的權鬥。依據飯尾潤的觀點，
官僚內閣制是因為各大臣以省廳代理人自居，追求的是各自省廳的利益
（日文：省益）而非達成執政黨允諾的政策目標，進而導致各省廳內設的
審議會，變成官僚與業界團體交涉和協商的重要場域。審議會制度成為偏
離民意、卻符合業界團體所需之擬定政策內容方式。[74]官僚主導時期，北
山俊哉認為日本的產業政策是在業界團體與通產省相互衝突與磨合之下所

---

[73] 尹懷哲，《日本族議員在行政改革過程中的角色分析》，頁12-13。
[74] 飯尾潤，〈日本における二つの政府と政官関係〉，頁13。

形成的，[75]因此政調會是族議員連接政黨和利益團體的場域，而審議會則是銜接行政省廳和利益團體的場所。細谷千博提出「三角柱系統」理論解釋日本的決策過程，認為族議員具有一定的影響力而非政黨，財界的影響力遠不如官僚和自民黨。[76]

日本的「官僚內閣制」結合自民黨的一黨優位結構造就政官關係。因為執政黨，所以政治家可以掌控官僚的動向，造就官僚內閣制的形成；換言之，執政黨取代議會內閣制的功能，形成另一個體系運作。因此執政黨的意識形態也影響族議員的提案。派閥全盛時期，田中角榮派號稱田中軍團，到了1990年代更是轉型成為「田中綜合醫院」，被戲稱可解決多數政治或政策上難解的疑難雜症。然而族議員興起後，逐漸取代派閥在決策上的影響力，不同於派閥各自的意識形態路線，族議員的理念反而在於依據代表的專業領域。

伍、小結

戰後日本政治發展和政官關係，本文認為歷經官僚主導的權威性價值分配、政黨主導的決策過程：一黨優位論、政官關係的權力構造：派閥政治，以及爾後轉向政商關係的抬頭：族議員的發展。首先，戰後日本官僚主導政策發展，以其具有的權威性價值分配，採取行政指導和審議會制度的運作。而官僚主導並非空穴來風，傳承自歷史因素的超然主義、統合因素的1940年體制，以及菁英因素的領導型地位政治運作。無論為何，日本官僚的確代表政府涉入市場運作，為日本經濟大國奠基。行政指導以政策催化或產業內部調整途徑進行，具體以護送船艦方式呈現，結合銀行、企業在政府護航之下進行。而審議會則是扮演政府與業界團體間的協調管

---

[75] 北山俊哉，1985，〈日本における産業政策の執行過程（一）〉，《法学論叢》，京都：京都大學，頁53-76。

[76] 草野厚，1997，《政策過程分析入門》，東京：東京大學出版會，頁65-69。

道，讓國家資源和企業的競爭關係，可以達到最大化效率運用和避免過多競爭成本的浪費。但當公性質的審議會大幅刪減而私性質的審議會相對增加時，不免讓人質疑官商在其中的互動關係。行政指導和審議會的非制度性因素以及官商關係，無法對應1970年代起國際環境變化與提高企業利潤，官僚的僵硬化與國會操作成熟的轉換下，自民黨開始表現其政策的專業性與營造有利政黨生存的環境。

官僚主導的年代，可以明瞭日本政府積極涉入市場機制和經濟發展，成就日本出類拔萃的經濟成果，但1990年代起泡沫經濟的瓦解造成日本經濟上「失落的十年」。整體產業結構中也存在有許多不具效率性產業，拖垮日本經濟，造成長達二十年以上的景氣低迷。最終，日本國家威權領導方式的轉折，本文認為審議會機制的重要性日增。但作為公性質的審議會數量大減，而省廳私性質諮詢單位的審議會增加，代表日本政府依舊希望透過審議會發揮省廳的影響力，繼續領導國家發展方向。

其次，政黨主導的決策過程：一黨優位論方面，此部分主要探討日本決策過程中的政黨主導，造就了自民黨的一黨優位和衍生的政官關係。戰後初期的國會功能不明顯，突顯了官僚主導政策的趨勢。然而伴隨日本社會專業化和政黨政治的成熟，自民黨的一黨優位銜接了經濟成長，卻也產生了既得利權結構的政商關係之副產品。五五年體制誕生後自民黨逐漸在國會決策過程中取得相對性優位，這是因為日本以保守主義為主流意識，與財閥過密的政商關係，以及經濟立國目標之下讓自民黨長期執政。尤以在池田和佐藤內閣時期，一黨優位與決策的連結性在於自民黨勢力從國會延伸到企業和地方、國會成為自民黨政官關係下的橡皮圖章、派閥成為自民黨內部權力結構的最大特色、主要銀行體系的運作。因此日本國會的無用論說明國會審議法案的形骸化和形式化，一黨優位下的自民黨全力發展經濟，並且對應國內外環境變化之際，成功地安撫民眾不滿並使國家轉型成功。

　　自民黨一黨優位制同時也導致派閥政治和族議員的特殊現象。本章第三部分探討政官關係的權力構造：派閥政治。派閥政治的階段性發展有八大軍團、三角大福中、保守對抗改革勢力主軸等發展，派閥政治盛行時期形塑政官關係的權力構造和突顯黨內黨三役、政調會的重要性。政官關係的出現，主要是因為自民黨議員背後各自代表地方利益和既存利權結構的運作。官僚雖擁有專業的政策知識，然政治的外壓驅使雙方合作，在一黨優位制的結構下，派閥因為具有選票鈔票人事安排的功能讓黨內勢力均衡。其次，派閥領導者目標在於成為黨三役和爭取政策的資源分配，政調會成為各派人馬的必爭之地。最後，自民黨或派閥為避免既有的鐵三角關係受到衝擊，必須將以往的官商合作方式導向政官關係發展。政商關係的抬頭：族議員方面，本文認為族議員銜接主導政策發展的要角、具有協調各行政省廳的功能、政調會各部會長資格多半由族議員擔任、日本國會的官僚內閣制性質之下，族議員成為過渡政官關係到政商關係的良好轉換。

第三章 21世紀起日本政治的新進化和政商關係

　　一般觀察日本政治運作，基本上傾向於菁英論、鐵三角論等觀點，鮮少有強調個人主義或領導精神的觀點。然而後冷戰起日本面對國內政治迷失以及經濟退後等問題，自民黨政權下的政官關係備受挑戰，國內出現改革的聲浪。國際間也因為冷戰瓦解、經濟全球化等政經結構轉化，讓日本的決策過程也必須有所轉變。[1]日本官僚主導國家政策行之有年，鑲嵌其中的非正式制度性因素主要有行政指導和審議會。行政指導是一種不具強制性卻具有強烈的規範性，[2]最著名的就是日本透過政府、企業、銀行三方配合形成的「護送船艦」方式；以及審議會成為連結國家與自由市場之間的溝通管道。然而1985年廣場協議後日本經濟出現「失落的十年」，直到2012年底第二次安倍晉三內閣祭出「三支箭」的經濟政策後，才終結一直失落的日本經濟。官僚主導創造了戰後日本的經濟奇蹟，卻也成為泡沫經濟後欲振乏力的沉痾。

　　另一方面，日本企業也受到國內經濟低迷和國際的經濟全球化影響，開始展現有別於以往的企業行動。日本企業以往受惠於政黨和官僚的誘因大幅降低，為求生存，跳脫傳統政官關係掌控的角色，試圖以自我能動性追逐企業最大利潤，反餽回來影響日本傳統鐵三角關係，擺脫依附角色。為此，本書認為日本鐵三角關係為維持既得利益，仍然借用依賴路徑，卻出現有別於自民黨長期執政的政官關係運作，而是一種新型以政商關係為主的鐵三角。政治層面的官邸主導和經濟層面的企業能動性成為現

1　山口二郎，〈政權交代と政官關係の変容/連続－政治主導はなぜ失敗したか〉，頁2。
2　鹽野宏，1999，《行政法》，東京：早稻田大學出版社，頁1-2。

行日本政治的主軸。本章節依序探討日本企業的能動性和新自由主義、日本的新自由主義與官邸主導，以及日本新保守主義的理念，觀察1990年代起日本鐵三角關係變化和政商關係，希冀能勾勒出鐵三角關係消長的完整面貌。

壹、日本企業的能動性和新自由主義

從權力菁英論為主軸，論述利益分配的鐵三角關係的思維，對照全球化起財力結合新自由主義的運作模式，日本鐵三角的實質運作已大幅跳脫以往考察。為明確釐清日本財界在鐵三角關係的能動性展現，此部分探討財界角色與接軌全球化的過程中產生鐵三角內部權力質變的發展，結合官僚的行政職權以及政治家的掌權，靈活運籌帷幄，以菁英間的權力媒合互換彼此的利益與價值。

無庸置疑，21世紀是經濟全球化年代，然而Jeffrey Fankel與Dani Rodrik指出，全球化市場的出現並不意味著貨物、人力、資本的自由流動、各國利率之間會趨同。[3]經濟全球化背後，資訊科技、跨國企業、貿易自由化等都是主要的推動力量。[4]日本想在全球競爭中脫穎而出，其行動受到幾個因素影響：(1)美國的亞洲政策和新自由主義；(2)日本內部結構制約和國內政治；(3)東北亞諸國家領導的複雜化，導致日本不再是領導東亞區域化進程的主力。[5]由於「雁行模式的日本化已經過時了」，[6]東北亞的新區域主義又呈現一種開放且多元化運作，日本的通商政策受到具國際競爭力的企業，以及保護主義下的低效率企業之雙重結構制約。前者

---

[3] Jeffrey Fankel & Dani Rodrik，王勇等譯，2013，〈經濟全球化〉，《全球化世界的治理》（*Governance in a Globalizing World*），北京：世界知識，頁40-64。

[4] 房思宏，石之瑜主編，《全球化》，揚智，2004年，頁33。

[5] 白石隆，Peter J. Katzentein、白石隆編，王星宇譯，2012，〈第三波：東南亞和一個區域形成中的中產階級的構成〉，《日本以外——東亞區域主義的動態》（*Beyond Japan: The Dynamics of East Asian Regionalism*），北京：中國人民大學出版社，頁261。

[6] Peter J. Katzentein，〈東亞——日本以外〉，頁8。

將其業務移轉到海外，後者依舊在日本國內要求保護和補貼，[7]「國際環境的變化促進了日本政治和社會的轉型」。[8]

　　由於「經濟無效的侵蝕、伴隨經濟全球化的重新分配和不平等，以及跨國行爲者尤其是第三部門作用的增強等」，都讓現今政府面臨很大的壓力。[9]新自由主義的核心特徵是市場和貿易的自由保障個人自由，重新分配效果和不斷增加的社會不平等，已經成爲新自由主義化過程中的必然，該過程旨在重新恢復階級權力。新自由主義轉向在某種程度上，與經濟菁英力量的恢復或重建密切相關。[10]日本企業如何在全球化新自由主義過程中展現自我的能動性，藉以結合政治層面的官邸主導，如此呈現的新型鐵三角關係會服膺在官邸主導之下，關鍵在於新保守主義理念的結合。爲此，此部分探討經濟全球化下日本企業的能動性以及新自由主義下變動的政商關係。

一、經濟全球化下日本企業的能動性

　　冷戰瓦解以前，日本企業的特色是：(1)重視效率與競爭力；(2)大型企業（財團）與弱化的工會；(3)單一的統合；(4)下游廠商網絡和補助金；(5)系列團體；(6)交叉持股；(7)高度系列企業的市場占有率；(8)高度槓桿合作的金融關係；(9)企業與銀行的密切關係；(10)公私混合體系運作。[11]然而政治意識形態的瓦解同時帶動經濟自由化的開展，Nye與

---

7 宗像直子，Peter J. Katzentein、白石隆編，王星宇譯，2012，〈政治如何趕上市場？尋找東亞的經濟區域主義〉，《日本以外－東亞區域主義的動態》（Beyond Japan: The Dynamics of East Asian Regionalism），北京：中國人民大學出版社，頁169。

8 H. Richard Friman、Peter J. Katzentein、David Leheny、Nobuo Okawara，Peter J. Katzentein、白石隆編，王星宇譯，2012，〈不可移動的目標？日本在東亞的安全政策〉，《日本以外——東亞區域主義的動態》（Beyond Japan: The Dynamics of East Asian Regionalism），北京：中國人民大學出版社，頁117。

9 Robert O. Keohane, Joseph Nye，王勇等譯，2013，〈導言〉，《全球化世界的治理》（Governance in a Globalizing World），北京：世界知識，頁32-33。

10 David Harvey，《新自由主義簡史》，頁18-22。

11 Daniel I. Okimoto, Between MITI and the Market: Japanese Industrial Policy for High Technology,

Keohane指出，全球化下民族國家的功能正被其他諸如私人部門和第三部門所補充，「全球化推動非國家行為者的發展」。[12]

　　冷戰結束後國際間最重要的發展莫過於數位化和全球化潮流。一般而言，經濟全球化係指貨物與資本的越境流動，出現國家疆界的模糊和全球分工體系運作，全球化意味著透過貨物、資本和勞動力相互經濟競爭的區域的擴大。[13]鑲嵌在經濟全球化一環的全球行動者（global agent）包含有，跨國企業執行者（TNC exexutiver）、傾向全球化的官僚及政治人物（globaalizing bureaucrats and politicians）、傾向全球化的專家學者（globalizing professionals）、傾向全球化的商人與媒體（globalizing merchants and media）。[14]面對經濟全球化議題，日本國內主要的論調有下列：(1)全球主義：主張放寬和廢除管制，讓市場機制發揮到最大的功能；(2)區域主義：主張利用跨國的區域性社群，對抗市場力量；(3)國家主義：強調國家存在的重要性，認為國家是個人認同的基礎，主張保護和強化國家以便對抗市場；(4)地方主義：主張把國家現有的很多功能，移交給地方機構，同時提倡地方分權，希望重振地方。[15]

　　另一方面，Barry Buzan指出國家依舊是國際社會中制定法律和制度的重要行為者，然而跨國企業和NGO的積極，會讓國際政治有所變動。[16]日本經濟團體連合會（簡稱經團連）連作為日本最大的經濟團體，歷經數十年發展內部成員組成有下列特徵：(1)從電機、汽車等製造業逐漸轉向高科技產業的比重提高；(2)從以往跨國企業轉型成為多國籍企業；(3)國

---

pp. 120.
[12] Robert O. Keohane, Joseph Nye，〈導言〉，頁11、24。
[13] David Held、McGrew Anthony，2007，《全球化大轉變：全球化對政治、經濟與文化的衝擊》，台北：韋伯，頁23-25。
[14] Leslie Sklair, 2001, *The Transnational Capitalist Class*. Massachusetts: Blackwell, pp. 3-23.
[15] Samuels P. Huntington & Peter L. Berger，王柏鴻譯，2002，《杭亭頓&柏格看全球化大趨勢》（*Many globalizations: cultural diversity in the contemporary world*），台北：時報文化，當代日本全球化的面向，頁106-107。
[16] 山本吉宣、納屋政嗣、井上壽一、神谷万丈、金子將史，2012，《日本の大戰略》，東京：PHP，頁88。

貿方面與企業內部海外法人的交易比率提高；(4)美商持有不少經團連成員的企業持股。[17]諸如經團連這樣的利益團體的功能有促進決策民主化、集合與表達利益、擴大決策系統的資訊接受管道，以及完善代議制與補強政黨功能。[18]

　　Samuels認為戰後日本國會的委員會或是自民黨，不具有政策相關的專業知識，突顯決策過程中官僚主導的重要性，然而也是存在有官僚依靠業界團體的提案能力。[19]米倉誠一郎比較戰爭期間的統制會和戰後業界團體，兩者間有雷同之處，皆具有制度承襲的性質。[20]他認為「日本的業界團體不僅是傳達相關資訊給各個企業，更是在汲取企業的現場資訊和政策執行過程中，提供情報給政府，業界團體比政府發揮更具有效率性的功能。」[21]而且利益團體會在執政黨宣布政策和政見後，隨後也會傳遞相關訊息。[22]

　　佐佐田博教也認為，戰時日本的統制會制度是基於市場原理創立，但為防止自由競爭原則下帶來的弊端，業界團體必須協助政府執行經濟計畫，對國家的經濟發展具有一定的功能。[23]即使戰後一直到全球化年代，日本企業還是替代國家成為提供社會福祉的主要行為者，甚至跨國公司還在數位科技的幫助下成為有效制訂規則者。[24]日本的經濟是屬於整個社會與政治目標之下，政治目標導致日本的國家經濟政策成為新重商主義（neomercantilism）。日本經濟對於國內和諧而有力之承諾，使日本成為一個過度管制的經濟體，日本的終生僱用制被用來作為一種促進社會和平

[17] 佐佐木憲昭，2007，《変貌する財界－日本経団連の分析》，東京：新日本出版社，頁80。
[18] 尹懷哲，《日本族議員在行政改革過程中的角色分析》碩士論文，頁40-41。
[19] Richard Samuels, 1983, "The Industrial Destructuring of the Japanese Aluminum Industry", *Pacific Affairs*, vol. 56, no. 3, p. 499.
[20] 米倉誠一郎，岡崎哲二、奧野正寬編，1993，〈業界団体の機能〉，《現代日本経済システムの源流》，東京：日本経済新聞社，頁183-209。
[21] 米倉誠一郎，岡崎哲二、奧野正寬編，〈業界団体の機能〉，頁184-185。
[22] Gene M. Grossman & Elhanan Helpman，《利益集團與貿易政策》，頁11。
[23] 佐佐田博教，〈統制会・業界団体制度の発展過程－経路依存とアイティブ〉，頁143。
[24] Robert O. Keohane, Joseph Nye，〈導言〉，頁15、20。

的手段，[25]Kester認為日本企業「在組織經濟活動上具有高度效能和理性的機制」。[26]

　　1992年日本政府公布的《通商白書》中表示：「伴隨企業的國際化活動進展，顯見以往國家與企業的關係有所變化……企業利益與國民利益一致的情況逐漸減少。」[27]1998年的《通商白書》更是表示：「以往是日本政府選擇有競爭性的產業，現在卻變成企業選擇國家的時代來臨。」[28]日本企業的能動性可從小泉的構造改革、派閥式微等，觀察出企業不用一昧地聽從政治家的權力，小泉的改革勢力削減了派閥政治影響力，讓日本的政官關係轉向真正的政商合作。因為以往日本企業不可能抗拒派閥或官僚的行政指導，至小泉後企業的能動性開始展現，最具代表例子就是三大金融集團的誕生，為提高全球競爭力，去除或合併不具競爭的小銀行。[29]顯見的，小泉號稱的新自由主義改革，承襲英國柴契爾夫人和美國雷根總統推行的小政府路線，強調「政府的角色，是創造良好的商業環境，而不是滿足廣大人民的需要和福利」，另一方面，「企業需要政治階級工具和民眾基礎」。[30]

　　其次，企業可以透過國會遊說政府改變機制和規則，來間接影響區域化。企業的動力源自競爭，[31]以及日本大企業從以往重視全球市場占有率

---

[25] Robert Gilpin，陳怡仲、張晉閣、許孝慈譯，2004，《全球政治經濟——掌握國際經濟秩序》（*Global Political Economy: Understanding the International Economic Order*），台北：桂冠，頁193-197。

[26] Kester Wolfgang, 1994, *Global Competition, Institutions, and the East Asian Ascendancy*, San Francisco: ICS Press. 轉引自Robert Gilpin，《全球政治經濟——掌握國際經濟秩序》，頁205。

[27] 佐佐木憲昭，《変貌する財界—日本経団連の分析》，頁80。

[28] 山本吉宣、納屋政嗣、井上寿一、神谷万丈、金子将史，《日本の大戦略》，頁60。

[29] T. J. Pempel，〈10年的政治低迷：當政治邏輯戰勝經濟理性〉，頁61-62。

[30] David Harvey，《新自由主義簡史》，頁56-57。

[31] Dieter Ernst, 2002, "The Economics of the Electronics Industry: Competitive Dynamics and Industrial Organization." In *The IEBM Handbook of Economics*, edited by William Lazonick, pp. 319-339. Part of the *International Encyclopedia of Business and Management* handbook series. London: International Thomson Business Press.

轉變為重視垂直性統合。日本大企業並沒有優先考慮在亞洲擴大研發，而中小企業卻成為在東亞進行生產擴張的主要動力。[32]最後，日本是屬於先進國家的資主本義運作，然現今東南亞諸國的運作卻是後進國家的發展模式，打破日本慣有的日本型資本主義模式，使日本涉入區域中的跨國資本主義運作，起因來自於1985年的廣場協議，如今卻成為推動日本企業活躍在東亞的能動性。上述全球化日本大企業的能動性，可謂有比政府更具效率性的功能、代替政府成為提供社會福祉的行為者、派閥式微轉動政商關係發展，以及東南亞諸國的後進國家發展改變日本型資本主義的運作等。因此有必要時，日本企業會和政府談判，推動全球金融體制和區域生產體制的運作，[33]然而日本大企業仍受到國家意識形態和組織結構的影響，[34]因為「強大的國家經濟利益往往能藉由銀行、企業與國際組織等「無形的控制」，取代以往「有形的統治」」。[35]

二、新自由主義下變動的政商關係

　　新自由主義的起源來自1970年代興起的新右派，以經濟學家Hayek和Friedman為代表，其信奉自由主義，批評凱因斯主義過度強調政府功能。新自由主義為了達成促進經濟成長目標，主張緩和或撤除政府對經濟的管制，以市場自生秩序作為經濟活動的準則，藉以提高需求和經濟效率。政府必須縮小對市場的干預，甚至包含公共及社會服務等面向，都形成社會資源的浪費，故新自由主義提倡自由企業、競爭、私有財產及小政府等。[36]做為推動新自由主義手段的政治經濟學，係1989年起針對拉美和東

[32] Dieter Ernst，王星宇譯，Peter J. Katzentein、白石隆編，2012，〈在東亞區域化中尋找新的角色：電子產業中的日本生產網絡〉，《日本以外 —— 東亞區域主義的動態》（*Beyond Japan: The Dynamics of East Asian Regionalism*），北京：中國人民大學出版社，頁183-184。

[33] 白石隆，〈第三波：東南亞和一個區域形成中的中產階級的構成〉，頁262-263。

[34] Peter J. Katzentein，〈東亞 —— 日本以外〉，頁16。

[35] David Held、Anthony McGrew、David Goldblatt、Jonathan Perraton，《全球化趨勢與衝擊：全球化對政治、經濟與文化的衝擊》，頁63。

[36] 蓋浙生，2004，〈臺灣高等教育市場化政策導向之檢視〉，《教育研究集刊》，第50卷

歐國家的經濟轉軌而推波助瀾。[37]甚至超全球主義者指出，二戰後的黃金時期結合凱因斯主義及福利國家體制的民族國家，在經濟上取得重大成就，但在全球市場的建立和擴張下已過時。[38]

　　新自由主義以擁護資本主義體制和強化意識形態登場，信奉市場機制、提高競爭和經濟效率、將社會活性化等。因此盡可能排除國家對經濟的干預，逐步地撤除對資本的管制，對於苦於財政危機的先進國家而言，係指將大政府轉向小政府的方式，把公部門民營化和推動規制緩和。另外，為確保國際化資本能夠跨越規制的自由流動，透過IMF或世界銀行推動，擴大新自由主義國際性的經濟改革。雖然新自由主義訴諸「個人自由」可在自由經濟市場更加活躍和不受限制，但結果顯示在改革過程中，因為權力滲透分配的過程，反而成為搾取民眾和勞工的手段，導致貧富懸殊更加擴大。[39]

　　新自由主義的特徵在於跳脫傳統自由放任競爭原則，將競爭機制委由市場，要求最大效率和自由度，而日本企業訴諸新自由主義的手段即是構造改革。也就是在1992年華盛頓共識下，各國的經濟政策轉向重視市場原理、貿易和資本的自由化、稅制和財政的改革、民營化和規制緩和等。[40]日本從1990年代後半期開始，自民黨和財界共同推動日本的兩大課題：軍事大國化和新自由主義改革。[41]傳統的鐵三角關係在此階段又面臨新的挑戰，Pempel認為對日本傳統鐵三角關係的第一次衝擊是1994年的聯合內閣。經團連長期支持的自民黨失去政權，也導致經團連內部不協調的聲音，

第2期，頁29-51。戴曉霞，2001，〈全球化及國家／市場關係之轉變：高等教育市場化之脈絡分析〉，《教育研究集刊》，第47期，頁29-51。

[37] 房思宏，《全球化》，頁9-10。

[38] David Held、Anthony McGrew、David Goldblatt、Jonathan Perraton，《全球化趨勢與衝擊：全球化對政治、經濟與文化的衝擊》，頁287-288。

[39] 1989-1990間美日共召開五次雙邊會議以調整美日貿易構造摩擦為主，1993年變更為「美日包括經濟協議」（日文：日米包括経済協議，Structural Impediments Initiative SII）。

[40] 佐佐木憲昭，《変貌する財界―日本経団連の分析》，頁81。

[41] 渡辺治、岡田知弘、後藤道夫、二宮厚美，2014，《〈大国〉への執念 安倍政権と日本の危機》，東京：大月書店，頁vi。

日本企業們分化更嚴重，進一步取消對自民黨的政治獻金，直到2003年才恢復。改革與抵制的對立，主要發生在保守勢力內部，傳統鐵三角關係為避免封閉型運作的瓦解，保守派團結起來抑制改革派，持續維持低利率、貨幣寬鬆、擴大公共支出等。[42]第二次日本鐵三角關係的衝擊則是在911後的全球化浪潮，第三次則是民主黨政權的上台。

新自由主義雖不全然與全球化劃上等號，卻是依附在全球化下展現自由化、保障個人財產權，以及國家對市場最小干涉等新自由主義的核心。必須接受新自由主義浩瀚洗禮的，首要就是傳統「階級」的變化。因為以往依靠家族或血緣建構的階級關係，在全球化運行之下產生上層階級的重構。傳統的政治、經濟、社會等菁英構成的主導力量，會與獲益於全球化下的新興企業家相衝突，而後者往往受到當權者的支持。貿易關係的新型結構促成新興企業家階級湧現，此一過程中企業家與國家權力的特殊關係扮演了關鍵角色。因為企業不僅從國家機器獲利，也扶植國家機器的發展，尤其是跨國企業，不僅對全球事務產生巨大影響，並且擁有普通市民不具有的行動自由。[43]日本社會在行為變化和制度僵化之間脫節，日本內部凝聚力消退。[44]

貳、日本的新自由主義與官邸主導

一、日本新自由主義階段性發展

日本實施新自由主義改革的特徵有，第一，在美國外壓下要求日本開放民營化和規制緩和；第二，日本的獨占資本型態，與歐美的多國籍企

---

[42] T. J. Pempel，〈10年的政治低迷：當政治邏輯戰勝經濟理性〉，頁58-59。

[43] David Harvey，《新自由主義簡史》，頁3。

[44] William Kelly & Merry White. Peter J. Katzentein，〈學生、閒散人員、單身者、老年人和外來者：改變一個家庭國家〉，頁70-89。

業的資本形態不同；第三，日本實施新自由主義改革相當費時，且出現階段性、局部性的進展。第一階段是1980年代，出現局部性的新自由主義改革，係受到美國雷根政府和英國柴契爾夫人推動的小政府思潮影響，日本國內成立「第二次臨時調查會」（簡稱臨調）以改善財政赤字，首先著手國營事業的民營化，至於規制緩和則是等到1990年代才進行。1981年設立的臨調以財政改革為主，訴諸不增稅的財政重建和建設具活力的福祉社會，但不具成效，反而是在國有鐵道、電信電話公社、專賣公社的民營化改革出現成效。臨調之後，1983、1987、1990年舉行三次臨時行政改革審議會。來自外壓因素的美日貿易摩擦，則是在1983年成立「美日日圓美元委員會」（日文：日美円ドル委員会），美方要求日本開放金融，而在個別產業方面，則是以MOSS協議（Market-Oriented Sector-Selective talks，日文：市場分野別個別協議）開始，而最大的衝擊莫過於1985年的廣場協議。[45]

　　　第二階段是1990年代起的新自由主義改革準備期，在美國主導的全球經濟之下，接續布希政權的柯林頓政權，也與日本進行美日包括經濟協議（1993至1995年），以華盛頓共識公諸於世。1993年的平岩報告係由日本政界和財界共策的規制緩和內容，但尚未出現明確的新自由主義改革。第三階段是起自橋本龍太郎內閣的改革期和挫敗，也就是明顯看到日本經濟「失落的二十年」階段。日本金融系統的不穩定，失業率提高，中小企業的消失等，即使政府實施的大規模擴大公共建設，財界也紛紛提出「新時代的日本經營」（日文：新時代の「日本的経営」，日經連，1995年），「魅力日本——創造的責任」（日文：魅力ある日本ー創造への責任，經團連，1996年）。

　　　第四階段起自21世紀的正式導入和矛盾期，接續上世紀後十年的不景

45 櫻谷勝美、野崎哲哉，2008，〈日本における新自由主義改革の現狀と問題点〉，《新自由主義改革と日本経済》，日本：三重大學出版會，頁25-27。

氣，日本提出構造改革以提振經濟，卻出現新自由主義的矛盾和擴大貧富懸殊。2000年布希政權的美國外交評議會提出「對日經濟指針」，強烈要求日本必須擴大財政支出。後續小泉內閣採取解決不良債權和呆帳做爲早期措施以推動新自由主義，爾後以構造改革之名架構新自由主義的框架，持續推動到安倍內閣爲止。

　　日本實施新自由主義的成效主要可從階級和市民觀點來探討。前者諸如Leo Panitch與Sam Gindin、Andrew Glyn、Ellen Meiksins Wood、Alex Callinicos等，認爲新自由主義的本質是階級性支配階級重新建構權力關係的戰略；[46]而後者強調資本主義運作的社會，是以勞資的階級對立關係呈現在市場之中，即以市民的市場關係作爲舞台而運作，換言之，現代社會是以階級關係和市場關係（市民關係）的雙重構造構成。新自由主義稱此雙重構造爲市場原理主義，但事實上卻是將社會秩序和構成原理冠以市場原理之名，進行秩序和內容重編，展現經濟至上的性質。[47]金子勝、大澤眞理等認爲當自由市場發展到達某一程度的界線，政府必須進行社會安全網的維護。當日本開始面臨新自由主義帶來的問題和破綻之後，2009年民主黨政權宣稱實施社會福祉主義運作以改善問題，也是日本邁向後新自由主義時代的來臨。[48]

　　Bob. Jessop認爲新自由主義是經濟全球化的一種指導戰略。[49]新世紀日本實施的新自由主義特色在於：(1)導入市場競爭原則，新自由主義

[46] Leo Panitch & Sam Gindin，渡辺雅男譯，2004，《アメリカ帝国主義とはなにか》，東京：こぶし書房。Andrew Glyn，橫川信治、伊藤誠譯，2007，《狂奔する資本主義格差社会から新たな福祉社会へ》，東京：ダイヤモンド社。Ellen Meiksins Wood，中山元譯，2004，《資本の帝国》，東京：紀伊国屋書店。Alex Callinicos，渡辺雅男、渡辺景子譯，2004，《アンチ資本主義宣言》，東京：こぶし書房。

[47] 二宮厚美，2009，《新自由主義の破局と決着―格差社会から21世紀恐慌へ》，東京：新日本出版社，頁140-143。

[48] 金子勝，1999，《セーフティーネットの政治経済学》，東京：ちくま新書。大澤眞理，2007，《現代日本の生活保障システム》，東京：岩波書店。

[49] Bob Jessop，中谷義和監譯，2005，《資本主義国家の未来》（*The Future of the Capitalist State*），東京：御茶の水書房，頁369。

重視的是經濟效率性和活化社會的動能，因此跳脫以往官僚主導市場發展，而是必須動員民眾共同加入。如1997年經濟同友會提出「市場主義宣言」，[50]訴諸資源必須有效率分配和具有優良的架構進行，將以往日本「經濟社會」的發展委由市場機制去決定，但卻沒考慮到市場失靈和機制的界線，過度重視市場判斷和評價；(2)從「股份有限公司」形態轉變成投資動向，2006年Live Door事件開始日本從以往股份有限公司的形態，轉變成僅重視經濟效率的投資趨勢，以金融化性質滲透產業結構和社會發展；(3)規制緩和到規制改革，2007年1月日本成立「規制改革會議」，延續之前規制改革推進體制的課題，同年5月進行第一次答辯提出「規制集中改革項目」（日文：規制の集中改革プログラム），訴諸能讓日本民眾有所感的改革內容。[51]

日本的新自由主義邁入第四階段後，雖然遇到民主黨執政時期的挫折，爾後安倍政權的登台，卻更進一步引發新自由主義產生的諸多社會問題，考驗政府的執政能力。除了國民福祉之外，對國家而言，最重要的莫過於安全與利益。1990年代起的全球化下讓國家轉型成為競爭型國家，不是只有受到政府援助的企業必須具有競爭性，國家也必須整頓好符合資本和人才流動的自由環境以及優惠稅制增加其競爭力。另一方面，日本的國力也有式微趨勢，因此追求國力恢復也成為領導者的首要課題。[52]面對全球性議題、全球性市場的追求等，國家此時必須以國力為基礎來進行國際政治間的協調，並且追求國家利益的極大化。為了制定出一套各國、跨國企業等可遵守的規則和秩序，現今仍存在有幾項疑問。第一，全球治理是為了解決全球性議題。第二，國際間的規則制度等的範圍相當廣泛。第三，秩序形成過程中避免不了權力先占優勢和權威運用。然而當中最具權

[50] 經濟同友會諮問委員會，1997年1月9日，〈市場主義宣言－21世紀へのアクション・プログラムー〉，https://www.doyukai.or.jp/policyproposals/articles/1996/970109.html。
[51] 櫻谷勝美、野崎哲哉，〈日本における新自由主義改革の現状と問題点〉，頁30-37。
[52] 山本吉宣、納屋政嗣、井上寿一、神谷万丈、金子将史，《日本の大戦略》，頁24、60-61、64。

威者仍屬國家。[53]

　　「經濟全球化不但指貨幣與市場，還包括社會價值和知識結構的流動。」資本主義的全球化跳脫傳統的官僚統治，卻強化社會和政治地位。[54]相對於此，21世紀起的日本政治並沒有經歷深層結構的權力轉移，而選舉制度和政黨組織的變化是緩慢的，[55]因此傳統的鐵三角運作持續運作，在其依賴路徑循內部主導的政官關係逐漸轉向政商關係，出現有外部全球化因素促進日本型資本主義的崩解，以及日本政黨運作也朝向自由主義的政治市場傾斜。Anne Allison認為「日本正在讓自己靠近全球文化的中心」。[56]

　　全球化下的新自由主義的框架是：(1)穩固的個人財產權、自由市場、自由貿易；(2)建立必要的軍事、國防、治安和法律組織和職能，以確保個人財產權（強化國家功能）；(3)政府在市場中的干預，必須被控制在最小的限度；(4)強調市場中契約關係的重要性；(5)政治事務上臨時契約取代了長期制度。[57]反觀日本，全球化的開放性促使日本政府擁有可建構全球化規則和多邊機制的權限。[58]日本已經著手通過以自由貿易協定和經濟夥伴協定（economic partnership agreements, EPAs）為工具，建構雙邊和區域優惠貿易協議。[59]另一方面，美國化和日本化促進東亞複合型

[53] 同上，頁84-85。

[54] Neal M. Rosedorf，高軍譯，2013，〈社會與文化的全球化：概念、歷史以及美國的作用〉，Robert O. Keohane、Joseph Nye主編，王勇等譯，《全球化世界的治理》（Governance in a Globalizing World），北京：世界知識，頁97。

[55] T. J. Pempel，〈10年的政治低迷：當政治邏輯戰勝經濟理性〉，頁51-52。

[56] Anne Allison, 2004, "Cuteness as Japan's Millennial Product." In Pikachu's Global Adventure: The Rise and Fall of Pokemon, edited by Joseph Tobin, 34-39. Durham: Duke University Press, pp. 47-48.

[57] David Harvey，《新自由主義簡史》，頁2-4。

[58] Natasha Hamilton-Hart，王星宇譯，Peter J. Katzentein、白石隆編，2012，〈創造一個區域性的舞台：金融行業的重建、全球化和區域形成〉，《日本以外──東亞區域主義的動態》（Beyond Japan: The Dynamics of East Asian Regionalism），北京：中國人民大學出版社，頁126。

[59] 白石隆，〈第三波：東南亞和一個區域形成中的中產階級的構成〉，頁259-260。

的區域主義，而中國也沒有依照中國方式重塑東亞，導致東亞區域內的貿易協定超越任何國家模式，[60]東亞區域主義的參與者包括政府、企業、非政府組織、公民和消費者。[61]

二、官邸主導

2001年日本進行行政改革後，將首相府與經濟企劃廳、沖繩開發廳等單位合併為內閣府，官邸的相關人員增加到5,900人。當中首相作為領導官邸，細谷千博提出「三角柱系統」理論解釋日本的決策過程，其特點在於除了傳統鐵三角的政官財互動影響力之外，還加入以首相為主的閣僚影響。[62]2012年安倍晉三政權誕生後，有別於以往派閥政治下的政黨主導和民主黨政權訴求的政治主導，官邸主導更加重視首相的領導風格。

官邸主導的趨勢其來有自，可歸納出1994年選制改革、1999年國會改革、2001年行政改革等要素。首先，1994年選制改革後強調政黨的選舉能力，因此政黨必須強調黨主席的領導能力和個人形象來吸引選民目光。其次，1999年國會改革雖然沒有直接強化內閣能力，卻在活化國會功能、促進審議、提高立法能力之際，間接提高內閣能力。最後，2001年行政改革則是透過行政省廳的重整，直接擴大內閣和內閣府權限。這些都可從橋本龍太郎內閣的金融改革，或者小泉純一郎內閣的構造改革等嗅出其端倪，而安倍內閣更是將官邸主導發揮到淋漓盡致。在此探討橋本龍太郎內閣的六大改革、小泉純一郎內閣的構造改革、安倍晉三內閣的安倍經濟學來說明權力構造變化導致的官邸主導。

---

[60] David Pilling and McGregor Richard, 2004, "Grossing the Divide: How Booming Business and Closer Cultural Ties Are Bringing Two Asian Giants Together." *Financial Times*, March 30, p. 13.
Jane Perlez, 2002, "China Emerges as Rival to U. S. in Asian Trade," *New York Times*, June 28, A1.
[61] Peter J. Katzentein，〈東亞——日本以外〉，頁15。
[62] 草野厚，《政策過程分析入門》，頁65-69。

（一）橋本龍太郎內閣的六大改革

　　鑒於行政組織僵化、財政及社會保險負擔沉重、產業空洞化，以及金融業龐大的不良債券等，1996年上台的橋本內閣進行六大改革，分別是行政改革、經濟構造改革、金融體系改革、社會保障構造改革、財政構造改革、教育改革。行政改革目的在於，改造僵硬化的行政體系以對應國內外的新情勢，並且強化內閣功能、中央行政組織的精簡與重整、促進地方分權與設立獨立行政法人制度等，藉以確保行政體系的統合性和成為具有機動性且有效率的政府。具體作為先在內閣成立「行政改革促進本部」，由橋本首相擔任本部長，內閣官房長官與總務廳長官擔任副本部長，推動行政改革重要事項。爾後成立「行政改革會議」（1996至1998年），該會議會長由橋本首相親自擔任，代理會長為總務廳長官武藤嘉文等。[63]由13位專家學者組成行政改革委員會，由飯田庸太郎擔任委員長（時任三菱重工業顧問），任內期間決議通過《新食糧法》、《情報公開法》、《大規模小賣店舖法》（日文：大規模小売店舗法）、NTT分割撤除等，也可觀察出鐵三角中財界介入政治或政策的程度。[64]

　　金融改革方面，尤以1996年橋本龍太郎內閣進行「Big Bang」的金融改革，使日本金融體系更具透明性和開放性，讓日本的銀行引進外資，出現外資持股比率提高、日本銀行更獨立，獲得貨幣政策的主導權，以及獨立的金融監督廳（Financial Supervisory Agency，2000年更名為金融廳），日本金融體系呈現美國化趨勢。[65]

　　長期以來自民黨以恩顧主義籠絡財團，執政黨以公共預算控制保守選

---

[63] 該會議成員有，委員兼事務局長的首相補佐官水野清，東京大學名譽教授有馬朗人、日本勞動組合總聯合會顧問盧田甚之助、三菱重工公司飯田庸太郎、上智大學教授豬口邦子、國際日本文化研究所所長河合隼雄、京都大學教授佐藤幸治、一橋大學榮譽教授鹽野谷祐一、豐田汽車公司會長豐田章一郎、東北大學教授藤田宙靖、秩父小野田株式會社諸井虔、讀賣新聞社社長渡邊恆雄等共12人。

[64] 菊池信輝，2005，《財界とは何か》，東京：平凡社，頁238。

[65] Natasha Hamilton-Hart，〈創造一個區域性的舞台：金融行業的重建、全球化和區域形成〉，頁123-124。

民。The Economist調查1994至1998年先進國家的公共支出總預算，發現多數都下降，只有日本增加了2%。2004年日本國債總額已高達GDP的四分之一，財政和貨幣寬鬆是自民黨犧牲後代利益所換取而來。[66]這些日本型資本主義的參與者和機制，在1996年橋本龍太郎內閣進行金融大改革實並沒有消失，而是透過與自民黨的關係進行調整呆債的處理，而非自由化問題。[67]日本鐵三角關係依舊圍繞在政官關係為主軸的運作。橋本首相的行政改革企圖實現政治主導的內閣風範，成為由上領下的決策過程。[68] 中野實指出，推動橋本的行政改革主體是「以自民黨的新保守主義勢力為中心的新保守政治菁英，聯合財界、企業界與保守、中道政治家，實現將日本的權力菁英構造轉換並確立的雙重目標。」[69]菊池信輝也指出橋本的六大改革，是依據財界意志以橋本Top Down方式實踐的。[70]橋本的六大改革是經由新自由主義改革的兩大支柱支撐而來，即減少企業負擔和規制緩和。由於社會保障構造、財政構造、教育預算需要企業的稅金支撐，因此削減國家的財政和社會保障支出來降低企業負擔。規制緩和方面就是進行行政改革、經濟構造改革、金融體系改革。[71]圖3-1為橋本六大改革的推動體制圖示。

---

[66] T. J. Pempel，〈10年的政治低迷：當政治邏輯戰勝經濟理性〉，頁53-57。

[67] Steven Vogel, 2003, "The Re-Organization of Organized Capitalism: How the German and Japanese Models Are Shaping Their Own Transformations." In *The End of Diversity? Prospects for German and Japanese Capitalism*, edited by Kozo Yamamura and Wolfgang Streeck, Ithaca: Cornell University Press, pp. 306-333.

[68] 經濟部譯印，1998，《日本行政改革會議完結報告》，台北：經濟部，頁12。

[69] 尹懷哲，《日本族議員在行政改革過程中的角色分析》，頁84。中野實，2002，《日本政治經済の危機と再生－ポスト冷戦時代の政策過程》，東京：早稻田大學出版部，頁168-169。

[70] 菊池信輝，《財界とは何か》，頁196-197。

[71] 渡邊治一，2004，〈政治改革から保守二大政党制へ〉，《変貌する日本》，東京：旬報社，頁162。

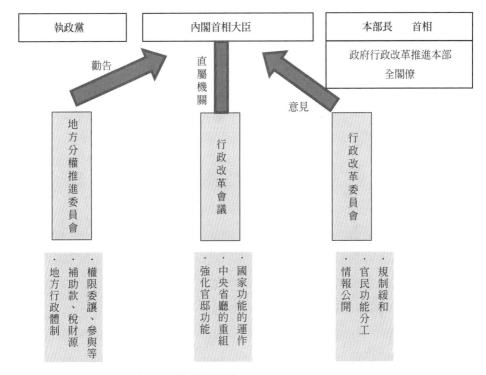

圖3-1　橋本內閣六大改革的推動體制

*資料來源：菊池信輝，2005，《財界とは何か》，東京：平凡社，頁237。

（二）小泉純一郎內閣的構造改革

　　小泉內閣是日本戰後第三長壽的內閣（2001至2006年），能夠長期執政的原因在於1990年代的選制改革和橋本行政改革。[72]導致日本政治領導風格的巨變，其訴諸的「構造改革」口號造成往後「首相支配」或是「官邸主導」的趨勢。[73]小泉的構造改革重點置於推動民營化、藉由擴大商機提高企業競爭力，並且減輕企業的稅負擔、行政改革、財政重建

---

[72] 待鳥聰史，2005，《小泉長期政權を支える政治改革の成果》，東京：中央公論，4月號，頁176-184。

[73] 竹中治堅，《首相支配—日本政治の変貌》。清水眞人，2005，《官邸主導—小泉純一郎の革命》，東京：日本經濟新聞社。

等。[74]2001年1月小泉成立經濟財政諮詢會議，相關成員有日經連會長奧田碩、前同友會代表幹事牛尾治朗、日銀總裁、經濟閣僚、大阪大學本間正明教授、東京大學吉川洋教授等。相較當時經團連公布「新願景」（日文：新ビジョン），提及應該將消費稅增加到兩位數以上作爲社會保障費用、降低所得替代率到50%以下和保險費率15%等，明顯希冀將財界的願景藉由經濟財政諮詢會議能夠成爲政策內容。

同年4月小泉首相在自民黨主席選舉公開討論會中表示，日本經濟的問題不在於新政策出現與否，而是政策沒有眞正實踐。從橋本六大改革到小淵內閣的「日本經濟再生戰略」、森喜郎內閣的「經濟構造變革和創造之行動計畫」，小泉訴諸的是從「提案」到「實踐」的變化，當中需要強化首相權限和重整權力構造。[75]緊接著6月小泉內閣公布「今後經濟財政營運和經濟社會構造改革之基本方針」（日文：今後経済財政の運営及び経済社会の構造改革に関する基本方針，簡稱骨幹方針，日文：骨太の方針），當下經團連和同友會發表「無聖域的構造改革」（日文：聖域なき構造改革）支持改革。2003年經濟財政諮詢會議主要討論社會保障、稅制、規制緩和等議題。

小泉最著名的構造改革是郵政改革和道路公團民營化。以往日本郵局是日本儲金最多且存戶也多的金融機構，在國營化時代壟斷日本的郵政、儲金、簡易保險等業務，造成把持郵政省的郵政族議員成爲一龐大的既得利權結構。小泉內閣時期完成將日本郵局的業務分割並讓其民營化，形成郵儲銀行（日文：ゆうちょ銀行）、日本郵便、簡保生命保險（日文：カンポ生命保險）三大機構。民營化後日本郵局的股份100%屬於日本政府，2015年11月在東京證券交易所部分上市，爾後郵儲銀行和簡保生命保險也上場，實質上完成日本郵局的民營化。[76]

---

[74] 菊池信輝，《財界とは何か》，頁196-197。

[75] 佐佐木憲昭，《変貌する財界—日本経団連の分析》，頁105。

[76] 日本總務省，2017，〈郵政改革トップ（新着情報）〉，http://www.soumu.go.jp/yusei/

　　道路公團方面，日本道路公團（Japan Highway Public Corporation）依據1956年的《日本道路公團法》成立，營運資本來自政府，屬於國營事業。但由於使用日本高速公路、快速道路等的費用昂貴，並且在建設道路和管理方面受到道路族議員的把持。發展到1990年代，衍生不少官員空降、私下協商、家族企業等利權結構的運作，讓國營事業的道路公團呈現赤字狀況。爲此，小泉內閣於2001年開始著手將此公團分割爲道路四公團，2002年底成立「道路關係四公團民營化推進委員會」。2004年6月通過《道路關係四公團民營化關係四法案》，意即由《高速道路株式會社法》、《獨立行政法人日本高速道路保有‧債務返濟機構法》、《日本道路公團等民營化之道路關係法律整備法律》、《日本道路公團等民營化關係法施行法》確立民營化。[77]隔年10月成立「道路關係四公團民營化公司」和「獨立行政法人日本高速路保有‧債務返濟機構」後，明確將該公團業務、道路管理、營運、建設等移交給東日本高速道路（NEXCO東日本）‧中日本高速道路（NEXCO中日本）‧西日本高速道路（NEXCO西日本），以及將相關設施和債務分割與讓渡給「獨立行政法人日本高速路保有‧債務返濟機構」，以往的道路公團確定解散。

（三）安倍晉三內閣的安倍經濟學

　　2001年3月日本央行採取「量的金融緩和政策」，以新自由主義而言，竹中平藏或伊藤隆敏（爲往後安倍內閣經濟財政諮詢會議的成員），主張通膨政策、要求央行需積極地提供經濟成長用之貨幣供給。[78]而在第一次安倍內閣期間（2007至2008年），2008年起日本推動防恐對策特別措施法的延期、道路特定財源的一般化、後期高齡者醫療制度、年金、消費稅、農家戶別所得補償政策、修正派遣勞動、地方差異化等國會的重要議

---

mineika/。
[77] 全國高速道路建設協議會（編），2007，《高速道路便覽2007》，東京：全國高速道路建設協議會，頁19。
[78] 二宮厚美，《新自由主義の破局と決着－格差社會から21世紀恐慌へ》，頁183。

題，都成爲後新自由主義時期之修憲型新自由主義構造改革的一環。[79]

　　第一次安倍內閣雖然在短短一年內下台，但2012年登場的第二次安倍內閣祭出「三支箭政策」，以貨幣寬鬆、擴大財政支出，以及刺激民間投資的方式登台。呼應安倍經濟學內涵，新自由主義國家的特色爲「爲資本主義創造良好商業或投資環境的需要，以及當衝突發生時，新自由主義國家傾向維護金融體系的信譽和金融機構的償還能力，而不是維護大衆幸福或環境質量」。[80]安倍內閣的三支箭經濟學以及2014年底第三次安倍內閣的上路，在英國的經濟學人雜誌以及法國的新觀察家雜誌都觀察出安倍對政策的影響力，認爲安倍是新自由主義者且是愛國主義者。[81]

　　《〈大國〉的執著　安倍政權和日本的危機》一書指出，安倍急速推進日本新自由主義的改革，當中以安倍經濟學作爲強化產業競爭力，另一方面是廢除舊有規制和持續小政府路線，讓日本可以成爲世界任一企業都可容易活動的國家，該書將安倍推行的新自由主義改革方式稱之爲「全球競爭大國」。[82]如同Gilpin強調國家爲中心（state centric），透過法律、政策等許多干預，試圖操控並影響市場運作使其有利於本國公民。基本上國家的政治經濟體系（national system of political economy）是指涉影響經濟事務的國內結構與制度，或是國家的創新體系（national system of innovation）。當安倍要推動日本成爲全球競爭大國，將呈現Joseph Schumpeter所描述資本主義的動力（dynamics of capitalism）過程，是一種「創造性破壞」（creative destruction）的過程，在這過程當中新的經濟贏家和輸家將會出現。[83]

---

[79] 同上，頁212-223。

[80] David Harvey，《新自由主義簡史》，頁81。

[81] Vincent Jauvert, 2015/6/2, L'Obs, "Japon: la face cachée de Shinzo Abe", http://tempsreel.nouvelobs.com/monde/20150521.OBS9364/japon-la-face-cachee-de-shinzo-abe.html.

[82] 渡辺治、岡田知弘、後藤道夫、二宮厚美，《〈大国〉への執念　安倍政権と日本の危機》，頁iii。

[83] Robert Gilpin，《全球政治經濟——掌握國際經濟秩序》，頁159-163。

觀察橋本到安倍的新自由主義改革過程，其階段性任務可整理爲：

(1)橋本內閣的六大改革

當中以金融改革和行政改革影響最大。金融改革過後日本主要銀行轉向金控公司發展，如1996年東京銀行與三菱銀行合併爲東京三菱銀行等。其次，在執行行政改革和中央省廳重編過程中，與福祉相關的勞動省、厚生省，以及與開發利益誘導相關的建設省、運輸省、國土廳、郵政省等，都強行進行合併、重整。

(2)小泉內閣的構造改革

2001年進行行政改革的省廳重編後，小泉設立經濟財政諮問會議，取代以往大藏省編列國家預算的主導權，並且移轉主導經濟發展通產省的特許權和部分權限等到內閣。進一步排擠掉族議員的既得利權結構而進行的構造改革，完成郵政民營化和道路公團民營化的課題。

(3)安倍內閣的政治改革

相較於小泉內閣的官僚抵抗，安倍採取更強勢的官邸主導來壓制官僚的勢力。兩者差異在於，小泉時期僅改變由下轉上（Bottom Up）的決策方式，係成立經濟財政諮問會議作爲從上導下（Top Down）的決策；但是安倍採取的是讓官僚總動員，讓官僚變成是新自由主義改革過程中的尖兵，落實在經濟產業省的經濟政策或是制定社會保障、福祉等的厚生勞動省。其次，讓國家成爲替日本大企業開闢全球化市場的大前鋒，除去可能成爲大企業競爭力的障礙物，積極支援並且量身打造企業所需的條件，故官僚的政策前提製作就很重要了。

「新自由主義對民主抱有極大懷疑……偏向專家和菁英統治」，「新自由主義不易解釋壟斷權力的問題、市場失靈、個人主義和集體行動間的矛盾」。因此「新自由主義的烏托邦計畫，最終只能靠權威主義維持。爲了少部分人的自由，大多數人的自由將受到限制」。[84]從橋本內閣

---

[84] David Harvey，《新自由主義簡史》，頁76-80。

以六大改革之名踏入新自由主義改革，卻也招致國民不滿而下台。21世紀起的小泉內閣更是強行實施激進的新自由主義改革擴大了貧富懸殊。即使2009年政黨輪替後，執政的民主黨在財界施壓之下，菅直人內閣提出「社會保障、稅金一體」的新自由主義改革，續任的野田佳彥內閣也在三黨共識下具體邁進一體化改革。然民主黨執政經驗的不足，三年後黯然下台後，進一步將新自由主義發揚光大的是第二次安倍內閣。訴諸安倍經濟學、參加TPP交涉、《醫療介護綜合確保法》等等，甚至讓日本的核電再度運作，都符合了日本保守派的期望，卻與民意背道而馳。[85]

參、日本新保守主義的理念

在上述新自由主義運作和官邸主導的結合之下，能夠延續日本鐵三角關係的發展，佐佐田博教認為日本業界團體的依賴路徑機制中有三要素構成：投資報酬率、權力構造的連續性、理念，當中以理念製造出來的積極反饋（positive feedback）最具有影響。[86]理念不論對鐵三角的任一成員都是具影響力的，在官邸主導之下，安倍政權的政治理念有三大支柱，分別是修憲和軍事大國化、新自由主義改革、教育改革。但安倍政權同時也是符合傳統保守主義的期望和修正保守主義的強勢政權。意即將以往小國主義下的經濟大國方式轉變成軍事大國化，同時提高日本多國籍企業的國際競爭力，將現有政經體制變成以大企業本位的新自由主義改革。安倍的軍事大國化理念其來有自，1990年代初期後冷戰造成美日等國企業積極向共產體制瓦解國家推動自由市場，要維持自由的經濟市場背後勢必須要有軍事力支持。因此日本國內出現有國際貢獻論的聲浪，從1996年橋本龍太郎內閣修改美日防衛指針、制定《周邊事態法》起，2001年小泉純一郎內閣

---

[85] 渡辺治、岡田知弘、後藤道夫、二宮厚美，《〈大国〉への執念　安倍政權と日本の危機》，頁9。

[86] 佐佐田博教，〈統制会・業界団体制度の発展過程－経路依存とアイティブ〉，頁131-132。

受美國請託派遣自衛隊到印度洋海域和伊拉克出兵等，背後都隱藏了美國的外壓因素，卻也是之後歷任日本首相必須著手進行劃時代性的改革。安倍政權上台以來，陸續推動《特定秘密保護法》、修改防衛計畫大綱以派遣自衛隊海外赴任、成立國家安全會議、公布國家安全保障戰略、廢止武器輸出三原則、閣議決定參與集體自衛權等迅速的政治時程，都顯見安倍逐步落實其政治理念。[87]

安倍的理念除了將日本軍事大國化之外，更重要的還需要有經濟力的支持。對於停滯已久的日本經濟，安倍祭出三大方針，第一，削減企業勞動成本；第二，降低企業的法人稅之負擔；第三，擴大日本多國籍企業的海外市場。然而這一切都必須犧牲掉日本的中小企業和農業等地方產業，新自由主義的改革讓日本成為大企業為本體運作的體制。[88]新保守主義成為支撐日本實施新自由主義重要的理念，尤以日本會議對安倍或現今的極右派起了很大的作用。

日本會議是由原本的「守護日本的國民會議」（日文：日本を守る国民会議）和「守護日本之會」（日文：日本を守る会）於1997年合併而成，安倍首相擔任特別顧問，也有許多內閣大臣擔任該會議的重要幹部。尤其在推動修憲活動上，於2014年又另行成立「制定美麗日本憲法之國民會議」（日文：美しい日本の憲法をつくる国民の会），具體目標設定在為求早日修憲，推動國會議員署名和地方議會決議運動；於全國47都道府縣成立「縣民之會」（日文：県民の会），呼籲修憲的輿論；推動制作美麗日本憲法的1,000萬支持者的擴大運動。日本會議的組織請參考圖3-2。[89]

---

[87] 渡辺治、岡田知弘、後藤道夫、二宮厚美，《〈大国〉への執念　安倍政権と日本の危機》，頁2、6-7。

[88] 同上，頁7-8。

[89] 美しい日本の憲法をつくる国民の会，2016年10月1日，〈設立宣言〉，https://kenpou1000.org/about/prospectus.html。

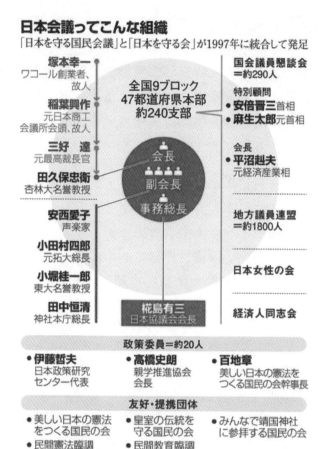

日本会議ってこんな組織
「日本を守る国民会議」と「日本を守る会」が1997年に統合して発足

塚本幸一
ワコール創業者、
故人

稲葉興作
元日本商工
会議所会頭、故人

三好　達
元最高裁長官

田久保忠衛
杏林大名誉教授

安西愛子
声楽家

小田村四郎
元拓大総長

小堀桂一郎
東大名誉教授

田中恒清
神社本庁総長

全国9ブロック
47都道府県本部
約240支部

会長
副会長
事務総長

椛島有三
日本協議会会長

国会議員懇談会
＝約290人

特別顧問
安倍晋三首相
麻生太郎元首相

会長
平沼赳夫
元経済産業相

地方議員連盟
＝約1800人

日本女性の会

経済人同志会

政策委員＝約20人

伊藤哲夫
日本政策研究
センター代表

高橋史朗
親学推進協会
会長

百地章
美しい日本の憲法を
つくる国民の会幹事長

友好・提携団体

美しい日本の憲法
をつくる国民の会
民間憲法臨調

皇室の伝統を
守る国民の会
民間教育臨調

みんなで靖国神社
に参拝する国民の会

圖3-2　日本會議組織

*資料來源：朝日新聞，2016年11月6日，〈改憲運動進める日本会議、「世界一変した」源流たどる〉，http://www.asahi.com/articles/ASJC46TZPJC4UTIL07D. html。

　　　政治上的新保守主義結合經濟上的新自由主義，但是新自由主義會造成私有化與商品化、金融化、危機管理與操控、國家再分配的掠奪性積累。私有化初期看似對下層階級有利，長期而言卻是負面的。國家會透過稅制改革進行財富的重新分配，如降低法人稅等，[90]故「新保守主義保持

---

[90] David Harvey，《新自由主義簡史》，頁184-190。

了建立不對稱市場的新自由主義動力，透過依靠權威主義、階級制，甚至軍事手段來維持法律和秩序，從而將新自由主義的反民主面向突顯出來。」……新保守主義另一主張則是訴求民族主義。[91]新自由主義號稱帶來的貿易自由化和國營事業民營化等動向，事實上背後都代表了國家以最小程度干涉自由市場運作。「由管制所創造的自由被指責為不自由，它所提供的公正、自由和福利被貶斥為奴役的偽裝」，Karl Polanyi清楚表明為什麼富人和有權者熱心支持某些權利和自由概念。[92]新自由主義施行的結果造成「財富和力量現今聚集在資產階級和上層隊伍，其鼓吹的自由、解放、選擇、權利，為的是掩飾嚴峻的現實」[93]。

故「新自由主義國家必須作為一個集體性企業來運作，其次，市場施行過程的權威主義與個人自由的理想重疊在一起。其他尚有個人主義產生投機風險、金融危機和週期性的不穩定。多國籍企業內部形成愈來愈多的寡頭壟斷力量，過去的政治形式也開始復甦，如法西斯主義、民族主義等」[94]結合新保守主義的新自由主義，造成「新自由主義國家可能是一個不穩定且矛盾的政治形式」。然而對經濟失落超過二十年以上的日本，擴大新自由主義路線，讓「貧窮問題最好通過自由市場和自由貿易得到解決。……新自由主義尋求資產的私有化……私有化和鬆綁與競爭結合起來，能消除官僚制的繁文縟節並提高效率、生產力等」，讓安倍經濟學得到落實。[95]

現今經濟全球化進入新階段，影響一國內政運作和社會穩定，拉大貧富懸殊並帶來破壞性影響，造就一群新的民粹主義政治家興起。[96]安倍

---

[91] 同上，頁224-225。

[92] Karl Polanyi, 1954, *The Great Transformation*. Boston: Beacon Press, pp. 256-258.

[93] David Harvey，《新自由主義簡史》，頁136。

[94] 同上，頁90-92。

[95] 同上，頁74-75。

[96] K. Schwab and C. Smadja, cited in D. Harvey, 2000, *Spaces of Hope*. Edinburgh: Edinburgh University Press, p. 70.

在日本會議的支持下，自民黨呈現右傾化取向。Harvey認為美國新保守主義偏向企業力量、私人企業和階級力量的重建，同時強調軍事化，日本也如是。「原則上新自由主義對民族並不友好，但會動用民族主義為其效力」[97]聯合國前秘書長安南（Kofi Atta Annan）認為「全球化時代下集體利益就是國家利益」，或是南非前總統塔博（Thabo Mbeki）指出「全球化發展必然改變國家主權的思想和作法」。[98]因此為何日本鐵三角關係中的財團會願意支持安倍？因為「私部門和NGO在國際社會中進行遊說的活動，其民主合法性不高」，日本鐵三角關係的質變是以新保守主義結合新自由主義下的新型政商關係。[99]

肆、小結

21世紀起日本受到新自由主義影響、官邸主導趨勢，以及新保守主義興起，催化鐵三角關係的變化和新的政商關係。新自由主義解放了以往被箝固的日本企業，加上經濟全球化下造就了其能動性，日本企業在海外的亮麗表現有目共睹。從經濟全球化下日本企業的能動性來看，日本大企業早期作為協助國家提供社會福利者，然後冷戰起的全球化經濟驅使日本大企業，從小泉的構造改革和派閥式微的權力結構中被釋放出來，讓1990年代前的鐵三角之政官主軸逐漸轉向政商合作的可能。

其次，從被解放的全球化經濟和區域整合上，日本大企業更進一步利用國會遊說政府改變機制和規則以提高自我競爭力，而日本型資本主義的質變也成為推動日本企業能動性的動力。1992年華盛頓共識後執政的自民黨和大企業，面臨軍事大國化和新自由主義改革的課題，首要衝擊的就是傳統階級的變化。因為新型的貿易關係促成新興企業家階級，同時帶動與

---

[97] David Harvey，《新自由主義簡史》，頁94、97-98。
[98] Robert O. Keohane, Joseph Nye，〈導言〉，頁5。
[99] 同上，頁31。

國家權力不同的互動關係。日本政商關係在新自由主義的幫助下，讓日本企業的能動性因爲鐵三角路徑中報酬遞增的企業獲利，督促日本企業不僅具有政策建議的能力，也在政治獻金提供財力的影響力，讓其可在全球市場中獲利。日本企業並且得到政府替其創設制度、提供企業活動保障，如此國家也可成爲全球競爭大國。爲此，新型鐵三角中誕生的政商關係，造成菁英階級的變化，社會約束力不能夠有效制約國家行爲，企業成爲國家機器運作的主力。

本章第二部分探討政治方面「日本的新自由主義與官邸主導」，依序觀察了日本新自由主義階段性發展和官邸主導。日本實施新自由主義的第一階段是1980年代臨調成立後，出現局部新自由主義的改革且以國營事業民營化爲主。第二階段是1990年代新自由主義改革準備期，以規制緩和爲主。第三階段是1996年橋本龍太郎內閣的改革期和挫敗。第四階段是在21世紀正式導入新自由主義和矛盾期，以小泉的構造改革開始到安倍的擴大路線，卻也引發更多的矛盾問題。

即使新自由主義路線帶來許多爭議，強而有力的官邸主導取代以往政黨主導趨勢。本章取橋本內閣的六大改革、小泉的構造改革、安倍的安倍經濟學爲例，說明日本官邸主導的權力構造變化。日本政府除了國家利益考量之外，更重要的還有國家安全的維護，近來安倍不斷地在安倍經濟學和積極和平主義上大作文章，成功延續從橋本和小泉政權企圖落實的官邸主導。而背後支撐這些企業和政治家的關鍵，依舊是保守本流的理念，其中參雜全球化因素影響下帶進的新自由主義手段，採取了新保守主義方式強化日本的愛國主義，保全了日本鐵三角關係的持續運作。

因此支撐日本企業和政治菁英合作的，不外乎日本的新保守主義理念。隱藏在橋本的六大改革、小泉的構造改革之下，都有日本日益強化的自衛隊能力以守衛國家安全和利益。安倍政權政治理念的三大支柱，分別是修憲和軍事大國化、新自由主義改革、教育改革，背後更是有日本會議

的影響。日本會議的新保守主義結合新自由主義手段的實施，可觀察出強調民族主義、大企業內部的寡頭壟斷力量，以及民粹主義政治家興起等。理念的重要性成為日本新型鐵三角關係延續的一大關鍵。

　　2012年底上台的第二次安倍晉三內閣，多數學者認爲是傳統的鷹派政權，事實上這僅是安倍政權的側面而已。理由在於安倍政權在戰後歷代政權中具有特異性格，除了其必須達成傳統保守主義的期待，另一方面卻也具有不被保守派期望的改革路線。[1]在第二次安倍內閣出現之前，由於前十年的日本內閣每一年更換一位首相，故歐美並未太重視日本首相的領導力。但安倍內閣上台後，2014年4月28日美國時代雜誌以安倍爲題的〈THE PATRIOT〉一文，在文章結語寫道「日本一直無法取得掌舵權的領導者，安倍是未來日本向世界發言的首相」。[2]事實上能讓歐美媒體大幅報導安倍政權的理由有二。

　　第一，對於安倍政權的鷹派言行具有警戒心。諸如2013年安倍以首相身分參拜靖國神社、2014年擔任NHK會長籾井勝人就任時之「從軍慰安婦」、「哪個國家不戰爭」等發言。[3]

　　第二，由於安倍政權的特殊性，故必須進行兩大改革以符合保守支持層的期望。首先是日本安保政策的轉變，保守派認爲日本不該只是作爲美國的跟隨者，而是必須更積極地讓日本成爲提供美軍基地者、對應美國要求派遣自衛隊到海外，與美國共同成爲主導維持世界秩序的貢獻者，發揮

---

[1]　渡辺治、岡田知弘、後藤道夫、二宮厚美，《〈大国〉への執念　安倍政権と日本の危機》，頁1。

[2]　TIME, April 28, 2014, "Shinzo Abe: THE PATRIOT", *TIME*, http://time.com/65673/shinzo-abe-japan-interview/?iid=nf-article-recirc.

[3]　朝日新聞デジタル，2014年1月25日，〈NHK籾井会長会見の主なやりとり：朝日新聞デジタル〉，http://www.asahi.com/articles/ASG1T5TK2G1TUCLV007.html。

美日同盟的最大功用。然而阻礙此目標的是日本和平憲法，故安倍積極想要修憲，修憲這個重大改革就是要改變日本戰後的小國主義，讓日本可以軍事大國化。其次是讓日本成為全球性競爭大國的改革，因此安倍需要提高日本多國籍企業的競爭力，在新自由主義操作下讓現有的經濟體制轉換為以大企業為本位的運作。[4]為此，本章就安倍政權在新保守主義支持下實施的新自由主義內涵，分析安倍經濟學、安倍積極和平主義等。

壹、全球競爭大國：安倍經濟學

芝加哥大學John J. Mearsheimer教授認為「大國主要是由相對性的軍事力量來衡量。一國要具備大國資格，必須擁有充足的軍事資源，以承受和世界上最強大的國家進行一場全面性的常規戰。」[5]Mearsheimer從軍事力量的觀點定義大國，而耶魯大學Paul Kennedy教授則從一國的經濟力量和制度創新的重要性觀察大國的形成，他認為「一個國家的崛起，起於求取若干的經濟優勢，但經濟優勢並非僅限物資，至少同等重要的是制度。」[6]一般論及國際間的大國政治運作，首推中、美、蘇等國。美國作為領導西方民主國家的龍頭，其大國實力是歷經兩次大戰所累積而成，即使戰爭結束，也因為美國提供的經濟援助、安全保障、科技研發等公共財，讓美國穩當大國角色。國際政治是大國支配的世界，但是1990年代起經濟全球化的浪潮卻也讓區域性組織如歐盟，以及多國籍企業的影響力日漸加重。

另一方面，Huntington在《文明的衝突》一書中認為1990年代的國際政治處於「一超多強」狀況，將國家區分為超大國、區域大國、區域強

---

[4] 渡辺治、岡田知弘、後藤道夫、二宮厚美，《〈大国〉への執念　安倍政権と日本の危機》，頁5。

[5] John J. Mearsheimer, 2001, The Trgedy of Great Power Politics, New York: W. W. & Company, p. 5.

[6] Paul Kennedy, 1988, 'Is American Falling Behind?' *American Heritage*, Sep. & Oct, 1988. 轉引自潘誠財，2017，《小泉政府的外交政策》，台北：五南，頁8。

國。當中美國是作為全球性的超大國霸權國家，而存在各區域中的則有眾多大國，如歐洲的德、法、中亞的俄羅斯、東亞的中國等。至於日本，Huntington認為僅具潛在性的大國資格，日本的國家等級僅位於第三等級的區域強國。[7]高坂正堯認為國家和文明衰退的過程不一定會呈現定線發展，即使文明漸步衰退，國家能夠長期存活者的也不在少數。[8]在全球化的推波助瀾和各國推行新自由主義之下，安倍的強勢回歸宣告日本要重振經濟大國的地位，尤以安倍經濟學受到全世界注目。

一、安倍經濟學

2012年底第二次安倍內閣上台後曾經談及，「經濟再生會使日本變得更強大……日本如果沒有強大的經濟力，則世界將對日本的存在感愈來愈薄弱，如此會造成日本外交能力的喪失和防衛的弱化。」[9]故安倍強打的安倍經濟學，係以一輻射軸的功能發揮，催促日本成為全球競爭大國。安倍的全球競爭大國目標採取新自由主義手段，當全球化企業逐漸成長並且跨越過國家疆界壁壘，以往的福利國家都成為阻礙全球化企業邁入廣大自由市場。[10]國家於此時必須保證市場秩序、適當的補貼措施、公共財的提供、國營企業的存在以及保護環境的義務等，都是國家重要的功能。新自由主義以提高效率、增加利潤等方式，讓日本褪去以往福利國家的色彩，邁入高經濟性目標的國家利益追求。

由於全球市場及消費文化擴散過程中的同化現象，大前研一稱之為「加州化」，支撐全球化經濟開展的重要動力。[11]強化日本多國籍企

7　Samuel Huntington, 1997, *Clash of Civilization*. NY: Simon & Schuster, pp. 38-40.

8　高坂正堯，1981，《文明が衰亡するとき》，東京：新潮選書，頁9。

9　安倍晉三、百田尚樹，2013，《日本よ、世界の眞ん中で咲き誇れ》，東京：ワック，頁106。

10　渡辺治，2014，〈安倍政權とは何か〉，渡辺治、岡田知弘、後藤道夫、二宮厚美編，《〈大国〉への執念　安倍政權と日本の危機》，東京：大月書店，頁17。

11　大前研一，1996，《民族國家的終結：區域經濟的興起》，台北：立緒文化，頁41。

業的競爭力重點有三：第一，降低勞動成本而減少薪資，區分出有別於以往「企業社會」下的終生僱用和年功序列制。Ulrich Beck認為經濟全球化會帶來工作型態的改變，因為經濟與工作會出現「次政治化」（subpoliticization），[12]因此日本必須重新檢視或調整日本型僱用；第二，降低大企業的負擔。對大企業而言，法人稅是一個沉重的負擔，日本政府若想要降低大企業負擔和提升其競爭力，降低法人稅是一個不錯的方案。但眾所皆知的，日本目前國家財政赤字數字驚人，加上高齡化社會的成熟必須支付更多的社會福利費用。能夠保障財源的收入就是提高消費稅，2014年4月日本的消費稅由以往的5%提高到8%，安倍內閣預計於2019年10月還會再提高到10%；第三，增加日本的外匯收入。藉由日本的多國籍企業市場擴大創造新的市場，並且祭出規制緩和整頓企業來參與全球性市場。缺點是在淘汰不具效益的產業以及重整地方產業過程中，諸如農業或中小企業等，會成為日本多國籍企業擴大市場下被犧牲的籌碼。[13]

安倍經濟學基本上由「三支箭政策」組成，分別是大膽的金融政策、機動的財政政策、喚起民間投資的成長策略。具體目標設定在2%通漲目標、日圓貶值、提高消費稅、量化寬鬆措施、透過日本銀行的公開市場操作，購買公共事業國債並長期持有、負利率、修改《日本銀行法》、激勵地方小經濟圈再生、大規模公共投資、加強女性再就業等。然而貨幣的流通量並非日本央行可自行決定，基本上需依照實際的經濟和市場的實際動向來決定，即使央行可以不依對價關係直接大量供給貨幣，藉由大量發行國債或貨幣進行，但實際上成功的機會不高。另外，一國央行的貨幣或是金融政策若是依據投機性貨幣來進行，也可能引發該國金融政策的功能退化或空洞化。[14]

[12] Ulrich Beck，王學東、柴方國等譯，2002，《全球化與政治》，北京：中央編譯出版社，頁76。房思宏，《全球化》，頁72-73。
[13] 渡辺治、岡田知弘、後藤道夫、二宮厚美，《〈大国〉への執念　安倍政権と日本の危機》，頁8。
[14] 二宮厚美，《新自由主義の破局と決着－格差社会から21世紀恐慌へ》，頁180。

　　觀察圖4-1之2013年起安倍經濟學實施的成效，數列1為安倍政權時期的實質GDP成長（以兆日圓為單位），數列2為日本的對外輸出總額（以千日圓為單位），安倍經濟學的確達到其政策目標。2015年5月安倍經濟學在歷經消費稅的陣痛期後有止跌回升、股市上兩萬點的熱況，引發金融界對其支持。產業界的豐田、三菱等也得到歷史新高的獲利，希冀安倍經濟學能為日本經濟好轉帶來一絲曙光。

二、全球競爭大國

　　以往日本處於經濟大國地位之時，安保依靠美國核保護傘的情況下，日本才能努力衝刺經濟發展。冷戰時期日本對於提高自我防衛能力，是受到強烈的國內安保批評勢力和經濟成長優先政策限約。冷戰結束後當意識形態壁壘不復存在，俄羅斯、東歐、中國市場等新興市場吸引歐美日等大型企業的興趣，尤以美國或日本的多國籍企業希望能夠誕生一個單一的「自由」世界。美國除了依舊扮演世界警察的角色之外，作為後冷戰的

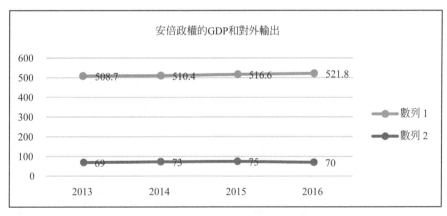

圖4-1　安倍政權的GDP和對外輸出（2013-2016年）

*資料來源：日本內閣府，〈国民経済計算（GDP統計）〉，2017年3月8日，http://www.esri.cao.go.jp/jp/sna/menu.html。日本財務省貿易統計，2016，〈年別輸出入總額（確定值）〉，http://www.customs.go.jp/toukei/suii/html/nenbet.htm。

唯一霸權國，以全球性駐軍來領導自由經濟市場的秩序並擴大市場。美國為延續冷戰期間的軍事功能，同時面對中國崛起和全球恐怖分子的威脅等，遂要求日本和北約共同分擔。

因此對安倍而言，日本要成為全球性競爭大國，國家除了自私地追求經濟利益，背後也必須分擔美國維持世界秩序的費用，日本無法再繼續成為美國安保的搭便車者（free rider），而是必須成為與美國共同承擔起維持全球經濟市場的穩定者。安倍經濟學採取新自由主義的擴大，早在橋本龍太郎內閣的金融改革、小泉純一郎內閣的構造改革和郵政改革等，都可嗅出日本積極進行新自由主義的改革方針。這是因為在冷戰結束和經濟全球化的過程中，多國籍企業被迫邁入世界更激烈的全球性經濟大競爭，為了強化自國大企業的競爭力，以新自由主義作為改革的手段，大幅度變更現有政治經濟體系的運作。

21世紀初期日本經濟面臨超過「失落的二十年」窘境，2012年安倍晉三內閣上台後旋即發布經濟上的「三支箭政策」，搭配日圓貶值、量化寬鬆等措施，以求提高日本企業的國際競爭力等，是一種前所未有的凱因斯主義結合貨幣學派的新創舉。然而在現今經濟全球化的席捲之下，安倍試圖將日本推向全球競爭大國的地位，卻仍須考量到國家的自主性和全球化經濟治理等現實因素。安倍經濟學的上路，除了追求自我的國家利益，對外策略上，國際建制也是鞏固政治實力和維持區域強權的要項。由於國家追求海外利益部分出自於國家安全的考量，經濟力有時也被視為一種新安保觀的展現。安倍經濟學透過新自由主義的方式，期許將日本塑造成全球競爭大國。從國際政治經濟學觀點分析安倍經濟學，以國家追求自我利益的經濟行為、國家自主性動向、推動國際建制等觀點，探討日本如何提高企業競爭力、國家自主性與全球化經濟治理之間，以及推動TPP之區域性組織等動向。

從國際政治經濟學角度分析安倍經濟學，以為安倍係推動日本成為

全球競爭大國，藉由經濟力的外溢效果保障國家安全和國家利益。國際政治經濟學派主張「全球經濟對各國家社會的權力、價值與政治自主性所帶來的顯著衝擊」。雖然國家追求海外市場，但國家也試圖使用權力和行動來左右市場以增加自我的影響力。迥異於經濟學專注在利益的極大化和擴張，國際政治經濟學更加重視的是財富的分配和經濟活動、國家自主性、國際建制的政治等、霸權穩定理論、全球經濟的治理等。[15]

　　以往David Ricordo以比較利益原則觀點，強調國家願意參與國際經貿市場，現今國際經濟學認爲財富分配和經濟活動是驅使國家採取動作的基本動力。因爲現今國際經貿迥異於19世紀的比較利益觀點，21世紀經濟全球化與傳統資本主義的資本、勞工、市場等內涵也不同。當前國際資本可快速流動、全球分工的競爭，以及全球化市場的出現等，經濟全球化下的財富分配和國家的經濟行爲迥異於以往。首先，國家利益是相對重要卻是模糊的，會因應國際局勢而有所變化，也會因爲國內政局變動而有所調整，因此在民主國家中的國家利益是透過政治菁英抉擇後的定義。變動的國家利益也與國家執行政策的能力相關，對內有「維繫政治經濟制度、價值觀的權力，以及對外建構外交、戰略利益關係的重要關鍵。」[16]安倍以全球競爭大國的設定翻轉日本企業在經濟全球化下的經濟活動，同時也需要維持住單一全球性自由市場而展現國家不同的行爲。

　　其次，國家自主性方面，全球化國家互動如何保持國家自主性以及威權等，Keohand與Nye認爲互賴關係是可支撐國際經貿的交流。對日本而言最重要的夥伴就是美國，美日同盟可透過軟實力的「制度平衡」（institutional balancing）進行互賴。[17]從美國柯林頓總統時期開始提出的「擴大市場和民主主義的戰略」，推動經濟全球化成爲新自由主義路線氾

---

[15] Robert Gilpin，《全球政治經濟——掌握國際經濟秩序》，頁97-126。
[16] 李世暉，2017，〈臺日關係中「國家利益」之探索：海洋國家間的互動與挑戰〉，《遠景季刊》，第18卷第3期，頁8-10。
[17] Yrd. Doç. Dr. Gökhan Ak emsettino lu, 2013, "INSTITUTIONAL BALANCING IN THE ASIA-PACIFIC", Ankara Üniversitesi: *SBF Dergisi*. Cilt 68, no. 4, pp. 4-6.

濫至全世界。在「自由的大戰略」之下，[18]G. John 認爲是制度化市場經濟連接起和民主主義家間的政治關係，以此建構秩序且支撐開放性的經濟體制。換言之，經濟全球化的全面開跑，是從美國推動新自由主義爲起點的。[19]

另一方面，Bob Jessop以「策略－關係」途徑發展出「策略性選擇」（strategic selectivity）以及「能動性」（agency）概念說明國家的自主性。前者意指「各國意圖藉由影響國家機制來追求其利益的政治能力，它們受到國家差別性的影響」，後者是「行動者並非單純的結構乘載者，在採取行動時可能考慮結構的策略脈絡，並規劃策略以克服不利行動者的限制」。[20]美國國務卿John Kerry在2013年1月24日曾說：「現在比任何時候都更明顯地看出：外交政策就是經濟政策」。日本要成爲全球競爭大國，新自由主義下國家、資本、技術成爲更重要的因素，國家必須看得更遠，且有更多的談判籌碼，才能在國際舞台上揮毫。同時在經濟全球化下，多國籍化資本或是金融力量，成爲一股推動全球市場的動力，技術成爲左右資金流向何處的關鍵。國家爲吸引更多外資的挹注，提升自國的技術水準或是把關自我高技術不外流等，都成爲國家的重要課題。因此本文認爲安倍經濟學不單純僅是國家利益的出發，係夾雜經濟外交的成分推動，藉地球儀外交成爲推廣經濟學的重要管道；透過安全保障而展開的鑽石防衛網，是以美日同盟爲基軸發展出去的對中防衛網。

最後，在積極參與國際建制上，即使是經濟性的規則或建制，多數是因爲「政治理由」，而非單純的經濟考量。[21]依據Katzenstein提出經濟彈性平衡與政治穩定要素，日本在保守派自民黨長期執政之下達到政

---

[18] 二宮厚美，《新自由主義の破局と決着－格差社会から21世紀恐慌へ》，頁153。

[19] G. John Ikenberry，2002，〈新帝国主義というアメリカの野望〉，《論座》，No. 90，頁228-243。

[20] Bob Jessop，梁書寧譯，2008，《思索資本主義國家的未來》（*The Future of the Capitalist State*），台北：國立編譯館，頁xii。

[21] Robert Gilpin，《全球政治經濟──掌握國際經濟秩序》，頁103。

治穩定，同時也在經濟立國原則下累積的經濟力對外提供國際開發援助（Official Development Assistance, ODA）和參與重要國際組織，以提高本身的國際地位。[22]自由派政府間主義（Liberal Intergovernmentlism）認為，國家的對外政策受制於國內利益團體與選民的影響，國際組織只是提供資訊的場所，談判的結果取決於各國代表所預設的談判底線，而這底限完全是國內政治的選舉、公民投票、利益團體遊說交錯下的產物。因此國家並非全球市場的參與者，而是替企業建構活動機制，國際建制最主要的功能在於設立制度與承擔能力，藉以達成經濟彈性的可能。[23]

全球化下，一國必須維持經濟成長並同時減少全球化所帶來的負面影響（如貧富差距擴大，衝擊各國政治與社會）。作為一國中央集權政府在民主政治運作之下，其體制必須成為吸收社會需求之反應體（responsiveness），必須要有一定的對應和靈活性。[24]故日本政府除了追求成為全球競爭大國之外，還須考量到對選民重要的社會福祉政策。以往在鐵幕時期的自由主義國家，靠著貿易自由化和擴大自由市場獲利，藉由稅制的財富重新分配讓民眾可以獲得合理的醫療、教育、社會福利等補助。但是冷戰結束加上全球化，不僅先進國家產業構造變化，並發展出以金融和服務業為主的生產，但在僱用上卻大量聘請非正規人員和降低薪資。

資本方面，安倍經濟學採取新自由主義的擴大，早在橋本龍太郎內閣的金融改革、小泉純一郎內閣的構造改革和郵政改革等，都可嗅出日本積極進行新自由主義的改革方針。最具體的成果就是日本的三井、三菱、住友、富士、三和、第一勸業財團，旗下的主要銀行被合併成為三井住友銀行、東京三菱銀行、Mizuho銀行，顯示日本金融的規模化和壟斷化。

---

[22] H. Richard.Friman, Peter J. Katzentein, David Leheny, Nobuo Okawara，王星宇譯，Peter J. Katzentein，〈不可移動的目標？日本在東亞的安全政策〉，頁93-118。

[23] 楊鈞池，2006，《從『派閥均衡』到『官僚主導』——1990年代日本政治體制改革之分析》，台北：翰蘆圖書，頁174-175。

[24] 山本吉宣、納屋政嗣、井上寿一、神谷万丈、金子將史，頁98。

這是因爲在冷戰結束和經濟全球化的過程中，企業被迫邁入世界更激烈的全球性經濟大競爭，爲了強化自國大企業的競爭力，以新自由主義作爲改革的手段，大幅度變更現有政治經濟體系的運作。日本奉行市場原理主義、規制緩和、民營化等新自由主義的改革方式，[25]安倍積極地推動日本成爲全球競爭大國，從左派的觀點來看，全球化不啻是帝國主義的代表。理由有Samir Amin從資本主義全球化的邏輯，認爲在全球範圍內是將政治和意識形態置於經濟的從屬地位。而全球資本在新技術、金融流動、自然資源、通訊傳媒以及大規模軍事武器的壟斷，建立起不平等的國際分工體系，全球體系無法提供邊緣國趕上核心國的可能性，只會擴大不平等的差距。[26]

三、日本領導的TPP

日本要成爲大國的條件之一，就是要能夠在國際社會發揮管理的領導風格，並且建構起分工體制。爲此，TPP（泛太平洋戰略經濟夥伴關係協定，The Trans-Pacific Strategic Economic Partner, TPP）的建制也是如此，[27]國際建制上的「國家角色」（nation-state's role），是追求國家利益的關鍵之一。[28]Oran R. Young認爲國家在全球治理下能夠具有領導型的有三類：一是構造型領導（structural leadership），是依據國力而產生的，如具有大規模經濟者就可以發揮其經濟規模，美國在戰後依據其經濟力創造出經貿規則的GATT（General Agreement on Tariffs and Trade）、國際通貨制度等都是。第二種是智慧型領導（intellectual leadership），係依據設立規則過程中所需的科學、人文、專業知識等而成立。尤以在全球化潮流下，針對特定議題或是跨領域課題，透過專家、官僚、研究單位、

---

[25] 櫻谷勝美、野崎哲哉，頁23。
[26] Amin Samir, 1999, *Spectres of capitalism: a critique of current intellectual fashions*, US: Monthly Review Press.
[27] Robert Gilpin，《全球政治經濟－掌握國際經濟秩序》，頁93-94。
[28] 小原雅博，2007，《国益外交世界日本戰略》，東京：日本經濟新聞出版社，頁46。

NGO（Non-Governmental Organization）等跨國的討論形成網絡的知識體（epistemic community），也發揮重要功效。最後則是創業家型的領導（entrepreneurial leadership），因為在制度形成過程中分析探討各種意見和利益，最終才能得出國際性的規則。如新加坡的Tommy Koh大使在海洋法或是環境問題上充分發揮其領導風格；又或者擔任GATT烏拉圭回合時的Arthur Dunkel事務局長，打破1991年難以交涉的Dunkel案，導向順利的結果發展。對日本而言，雖然為世界第三大經濟體，但在全球化經濟下最適合的莫過於智慧型領導，可充分發揮其技術開發、工藝技術、智慧財產等，[29]TPP深具安倍的全球布局意涵。[30]

（一）TPP與FTAAP的對抗

要強化國家的競爭力，日本積極建構「主導區域、影響全球」的經濟大國角色，[31]意即支撐安倍的全球競爭大國目標，重要的國際建制就是TPP。雖然曾有專家學者指出未來亞太的區域經濟可能被分出三大區塊，分別是TPP、FTAAP（亞太自由貿易區，Free Trade Agreement of the Asia-Pacific）、ASEAN+6。[32]由於現今FTA盛行，當中又牽涉到各自不同的規則，出現Jagdish Natwarlal Bhagwati所謂過於繁雜且不具效率性的「義大利麵碗現象」（Spaghetti bowl phenomenon）。為解決此問題，於是誕生需要規定眾多不同FTA之間的共同規則，因而誕生TPP等因應亞洲經濟繁榮和促進經貿的框架協議出來。[33]雖然亞洲在1989年已有APEC的存在，其在2004年採用FTA相關的最佳範例（best practices），係以高透明性且更簡單的原產地規則推動APEC的自由化和效率性。但是APEC框架是上

[29] Oran R. Young, 1991, "Political Leadership and Regime Formation on the Development of Institutions in International Society", *International Organization, vol.* 45, no. 3, pp. 281-308.

[30] 郭正亮，2013年9月3日，〈安倍凝聚TPP共識對台灣的啟示〉，《臺北論壇》，http://140.119.184.164/view_pdf/92.pdf，頁5。

[31] 李世暉，〈臺日關係中「國家利益」之探索：海洋國家間的互動與挑戰〉，頁18。

[32] Claude Barfiled, February 2009, "U. S. Trade Policy and Asian Regionalism", JEF-AEI Conference, p. 1.

[33] 山本吉宣、納屋政嗣、井上壽一、神谷万丈、金子将史，《日本の大戦略》，頁263。

世紀的產物，面對經濟全球化和資訊產業發達，APEC勢必有所調整以迎合新世紀的發展。加上亞洲經濟勢力興起，亞洲需要有一個嶄新的區域經濟體整合且推動之。

　　FTAAP是C. Fred Bergsten於2005年提出，認為應被定位為APEC下一階段的發展目標。當中提到先進國家應於2010年、其他國家於2020年之前應達成1994年茂物目標；而FTAAP的框架應該也可以成為融合美國和中國衝突的共通框架。[34]另一方面，透過多數國家簽署FTA而成的TPP，在多層次的雙邊主義簽訂有助於全球化分工、涉及原產地等限制的貿易框架突破。TPP是由APEC成員國發起，從2002年開始醞釀的一組多邊關係的自由貿易協定，旨在促進環太平洋地區的貿易自由化。TPP協議第1條第1款第3項（Article 1.1.3）規定：「本組織支持亞太經濟合作會議，促進自由化進程，達成自由開放貿易之目的。」TPP反映出尋求經濟的融合，以形成更廣泛的聯盟，同時與多邊貿易體制的分歧。[35]根據最初TPP的12個交涉國GDP，日本占17.7%、美國占60.4%，明顯具有美國主導的意味。[36]

　　在TPP和FTAAP尚未上路之前，現階段以亞太主義為主而運作的APEC，和以東亞主義為首的ASEAN+3，兩者都是位屬亞州的區域體，卻又潛藏著彼此相互競爭的關係。[37]甚者，未來習近平的一帶一路或中國主導的FTAAP，都形成與美國領導的自由秩序下的經濟市場相抗衡。在彼此錯綜複雜的關係交叉下，FTAAP和ASEAN（Association of Southeast Asian Nations）都屬中國影響力大的區域體，而日本要成為左右亞太經濟

---

[34] C. Fred Bergsten, Charles E. Morrison and Eduardo Pedrosa, eds, 2007, "A Free Trade Area of the Asia Pacific in the Wake of the Faltering Doha Round Trade Policy Alternatives for APEC", *An APEC Trade Agenda?: The Political Economy of a Free Area of the Asia-Pacific*. Singapore: ISEAS Publishing, pp. 15.

[35] 孫國祥，2015，〈跨太平洋夥伴協定發展之探討：美國的角色〉，《遠景季刊》，第16卷第3期，頁71。

[36] 郭永興，2016年12月16日，〈日本的TPP醃醬菜策略〉，《上報》，https://tw.news.yahoo.com/%E6%97%A5%E6%9C%AC%E7%9A%84tpp%E9%86%83%E9%86%AC%E8%8F%9C%E7%AD%96%E7%95%A5-160100518.html。

[37] 山本吉宣、納屋政嗣、井上寿一、神谷万丈、金子將史，《日本の大戰略》，頁248。

秩序者，勢必主導TPP的上路。

　　事實上，日本簽訂FTA的速度非常緩慢，因為執政的自民黨保護國內農業、強制規制金融、保險業等。[38]依據JETRO的報告書，與日本簽訂FTA的對象國的貿易量僅達18.2%，相較之下美國簽訂的北美自由貿易協定，卻可達34.9%，即使是韓國，在與歐盟簽訂FTA的2011年8月也達25.2%，顯示日本在FTA的著力不足。[39]長期以來日本的貿易自由化進程，其背後是來自美國壓力因素，與其說日本要提高海外經貿效率，不如說是為了確保美國市場。[40]截至2017年日本已經與美國、歐盟、加拿大、澳洲、中國、印度等國簽訂FTA，而TPP是以在WTO（World Trade Organization）尚未規範的投資、競爭、貿易、勞動等領域規則化，試圖深化WTO的規則。從安倍經濟學宣布後，2013年安倍旋即表示日本將加入TPP，預估可讓日本GDP增加3.2兆日圓的市場，範圍包含有農林水產業、貿易壁壘、智慧財產權的保護及執行、投資壁壘等。[41]TPP是APEC的擴大版，是用以對抗中國領導的FTAAP，對日本而言，由中國主導的FTAAP是對TPP的一大對抗勢力。

（二）TPP的變數

　　2017年1月20日美國川普（Trump）總統正式上任後，安倍於2月8日訪美，和川普進行高爾夫球外交，焦點在於訴諸TPP自由貿易的重要性和強化美日同盟，並藉此拉近與川普的信賴關係。由於川普否認一中原則的存在且認為駐日美軍費用過高，認為美國應該降低參與亞太安保的程度，否則日本應該付出更高額的費用。[42]安倍在共同記者會上表示「將進一步

---

[38] 同上，頁273。
[39] JETRO，2011，《世界貿易投資報告》，東京：日本貿易振興機構，頁55-56。
[40] 山本吉宣、納屋政嗣、井上寿一、神谷万丈、金子将史，《日本の大戰略》，頁277。
[41] 黃靖嵐、郭永興，2015，〈日本對美貿易戰略與農業政策調整：以豬肉產業為例〉，《遠景季刊》，第16卷第4期，頁132。
[42] 杉本康士，2017年1月22日，〈日米首脳会談、来月にも首相、同盟強化目指す〉，日本産經新聞，http://headlines.yahoo.co.jp/hl?a=20170122-00000038-san-pol。

深化彼此經濟關係，進行各領域的對話」、「日本將以高技術貢獻給美國總統所需的經濟成長戰略，讓美國可以創造出新的僱用」，傳達日本積極爭取紐約和華盛頓間高鐵事業等的投資態勢。川普則回應「雙方以自由和公正原則追求彼此有利益的貿易關係」，但是卻迴避有關日本汽車產業的要求，希冀可以改善美日間不平衡的貿易關係。[43]

有別於以往在WTO或是TPP可能談及的撤除貿易障礙壁壘，相反的，美國不參與TPP或是沒有美國的TPP，日本作為當中的領導者，事實上是有益於日本的國際經貿。如此一來，更是減少諸如民進黨等在野黨反對的降低日本農民的競爭力、修改食品安全等理由將消失不見，有助於快速在國會通過參與TPP。唯一的缺點就是要面對缺少美國市場，以日本為主導的新TPP市場勢必比之前預計的規模縮小許多。[44]

安倍訪美的主要目的在於確認美日同盟關係和強調日本對美國的經濟貢獻，基本上美國川普政權的特色在於不確定性、單一議題、保護主義等。俄羅斯2月10日報紙指出美日重在安保和抑制中國議題，在經濟議題上可能不會有共識產生。因為近來俄羅斯除了加強與中國的合作關係之外，對於美國可能提高對中軍備的亞洲平衡具有高度關心。相較於安倍訪美，中美也出現首次領導人電話對談，中國新華社通信報導指出，中美在強化同盟和經貿關係的態度一致，甚至中國的環球時報指責日本在美日雙邊貿易上做出讓步，藉以換取美國在釣魚台的保障和安保的承諾，但是效果卻是有限的，認為中國需具有警戒心。[45]

在安倍訪美的首腦對話（日文：新経済対話）中，日本方面提出

---

[43] 時事通信，2017年2月11日，〈分野横断で新経済対話＝トランプ氏、年内訪日受諾－尖閣防衛、共同声明に・日米会談〉，http://headlines.yahoo.co.jp/hl?a=20170211-00000008-jij-pol。

[44] 山下一仁，2016年12月12日，〈トランプ政権の通商交渉と日本 米国抜きの新TPPを実現せよ〉，《金融財政ビジネス》，頁6-8。

[45] 毎日新聞，2017年2月12日，〈「日米首脳会談」各国、思惑うごめく 親密ぶりに関心・警告〉，http://headlines.yahoo.co.jp/hl?a=20170212-00000002-mai-int。

〈經濟合作草案〉（日文：貿易枠組みの協議），主題聚焦在：(1)財政金融等宏觀經濟政策的合作；(2)通膨、能源、網路、宇宙等合作；(3)兩國間貿易框架協議，在川普決意讓美國脫離TPP之後，安倍將貿易框架的重點置於兩國間的FTA交涉上。[46]簡言之，川普的上台讓安倍修改了TPP路線，改推美日韓FTA、擴大日本對美投資、日本汽車產業於美國設廠以增加就業、降低美國對日圓匯率政策的疑慮等，強調美日雙方對經貿的合作，在安保和經濟安全上則強調中國和北韓的威脅性。

對美國而言，川普意在單邊主義的領導雙方經貿，盡可能要求日本提供更多的就業和投資機會，大幅度地迴避了日本需要更強而有力的安保保障。對日本而言，要明確得到美國的重視，關鍵反而在於中國的角色變化，若是習近平無法提出比日本更多的經貿誘因，則美國會重視與日本的同盟關係；但是中國若是提出比日本更具獲利的戰略夥伴關係，則日本的提議將淪為形式，而無法付諸實現。即使安倍可以搶在習近平之前接近川普，但是中美的經濟合作則是安倍無法預測的。由於中國已經取代日本成為美國最大債權國，中國只需在匯率政策和美債上作出讓步，而日本似乎沒有提及相關對策。其次，龐大的美國企業在中國的營業額，也讓川普無法忽視中國消費市場的存在。最後，日本可能會重新檢討由中國主導的亞太自由貿易區參加與否。

要強而有力地推動政治轉型和社會改革，國家代表性地出台，有利於企業的法律和規章，因為法規有時會利於部分特殊利益。日本政府以威權性領導、訴訟立法等，讓企業活躍於自由競爭市場中[47]，日本成為全球化重要的角色。[48]但同時全球化過程中，一國的政治和文化會發揮過濾和

---

[46] 時事通信，〈分野横断で新経済対話＝トランプ氏、年内訪日受諾－尖閣防衛、共同声明に・日米会談〉。

[47] David Harvey，《新自由主義簡史》，頁88。

[48] Dennis Patterson, 2007, "Japan's Response to Asia's Security Problems", Shale Horowitz, Uk Heo, Alexander C. Tan edited. *Identity and Change in East Asian Conflicts*, NY: Palgrave Macmillan, pp. 188.

調整的功能，因此日本深刻體驗全球化下美國霸權的重要性，與其全面附和全球化，不如操作美日雙邊主義更勝於全球化。[49]對國家而言的總體政策目標，若是包含社會福利政策在內又要考慮到外匯政策、金融政策的自律性、資本移動的自由等，所謂蒙代爾—弗萊明模型（Mundell-Fleming model）已無法達成凱因斯主義國家的目標[50]。要邁向新世紀大國的政治進程，穩定的政權是不可或缺的，且需要新型的國家治理方式，因此官邸成為外交和安保的指揮司令塔。安倍經濟學受到全球化變數的挑戰，軍事大國則受到近來美國川普政權的不確定因素影響。日本創造以日本為主導的TPP、參加中國主導的亞太自由貿易區、與歐洲簽訂歐日貿易協定、推動中日韓FTA等，都是現階段安倍經濟學的轉圜。[51]

依據IMF的世界經濟預測資料中，2010年亞洲整體的GDP高於北美和歐盟，之後更是拉大差距（見圖4-2）。當中作為亞洲經濟龍頭的中日韓GDP更是占整體的八成，與近來經濟成長快速的東協國家和印度等合作，展現亞洲的經濟力。故在往後國際經濟中對應世界秩序的變化，日本是否能夠繼續跟隨美國方針而保持外交上的靈活，勢必考驗日本的外交手腕。當中又以日本防衛隊在和平憲法框架下無法以直接武力介入國際紛爭，日本經濟力的重要性在注重軟實力的全球化年代更顯重要。

從國家利益方面來看，安倍採取新自由主義，擴大進行財富的重新分配和國家的經濟行為。同時搭配後冷戰時期的國際局勢，日本開始承擔起美國交付的部分全球性安保工作，意在雙方共同維持自由市場的秩序和擴大，以求更多國家利益的實現。國家自主性方面，本文探討安倍鑽石防衛網所進行的經濟外交和強化美日同盟關係，都發現這一切意在抗衡中國崛起的威脅和習近平的亞洲新安全觀。為避免日本區域強權的被取代和維護

---

[49] Robert O. Keohane，Joseph Nye，〈導言〉，頁7。

[50] 蒙代爾—弗萊明模型是一種「IS-LM模型」，意指在開放經濟中，短期內藉由價格固定進行需求分析，以及經濟體內的總供給可視總需求量來決定。

[51] NHK Web News，2017年1月24日，〈首相 米にTPP理解求める ほかの經濟連携協定も〉，http://www3.nhk.or.jp/news/html/20170124/k10010850901000.html。

單位：一兆美元

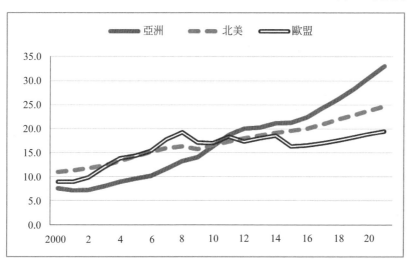

圖4-2　亞洲、北美、歐盟的GDP

*資料來源：IMF World Economic Outlook October 2016；瀨口清之，2017年7月27日，〈トランプ政権の混迷で高まる日本への期待－世界の不安定化が加速する中で「和」の果たす役割がますます重要に－〉，GIGS，http://www.canon-igs.org/column/network/20170727_4416.html。

國家利益，安倍強化美日同盟和與美國川普總統的斡旋。國際建制則是日本主導的TPP，由於日本簽署FTA的速度緩慢，原本一心期待美國主導的TPP機制可以擴大日本在區域體上的影響力。然而在美國退出TPP的交涉過程，反由日本成為主導的局面下，TPP面臨的考驗有市場規模的縮小以及中俄的警戒等。

貳、軍事大國：安倍積極和平主義

　　放眼近代國際政治發展，百年間霸權的更迭習以為常，當代美國霸權與中國強權接近之際，大國政治與外交競賽也此消彼長。對後冷戰的亞太而言，身處權力交鋒造成日益不穩定（uncertainty）的環境，釣魚台爭議

即爲最顯明的例子。不穩定的國際環境使諸國必須快速反應當下問題與對應事態，進而爲保障國家利益，甚至會採取激烈的民族主義。近年來美國霸權地位逐漸式微，相對地，中國崛起讓世界秩序出現重組的可能，中美動態性的權力發展，連帶讓國際間大國政治競賽與外交出現變化。另一方面，國家的外交路線並非一成不變，甚至會因應國內政治考量與追求經濟利益而有所調整。端看日本，釣魚台爭議爆發後，安倍晉三首相訴諸「危機突破內閣」，提出安保鑽石防衛網和以經濟安全爲核心發展的對中包圍網等，係一種因應大國壓境下的靈活性外交手段。

　　早在1973年美國的外交白皮書指摘：「今日日本的政治和經濟已經復甦，但只享受美日同盟的『特殊利益』，且將餘力用在擴大經濟。」猛烈批評日本的亞洲政策和質疑日本內政、外交政策。[52]暗指日本享受美國在亞太地區提供的安全保障公共財，日本逐漸發展成爲經濟大國的同時，卻在國際安全保障中扮演一個搭便車的角色。受到美國外壓和外部環境的變化，日本自1960年代起以吉田茂路線的經濟立國成功之後，1980年代中曾根康弘內閣通過防衛費不限於GDP 1%的軍事大國、1990年代起日本採用PKO合作法或者小澤一郎鼓吹的普通國家論等，突顯日本企圖在國際上展現大國政治的做法。

　　日本長期以來一直想成爲自主性的普通國家夙願，卻仍然擺脫不了依附美國；安倍面對中國的威脅，祭出的是強化美日同盟和加強與中國周遭國家的合作關係等外交手段。[53]無論日本想朝軍事大國發展，甚至在後冷戰起企圖成爲一個政治大國，或者是成爲普通國家的夙願，終歸受限於和平憲法和美日安保基軸，日本的對外發展往往是依附大國政治而衍生的外交路線。倉頭甫明認爲冷戰結束後，日本在國際社會中僅是一個經濟大

---

[52] 倉頭甫明，1974，〈日本の安全保障について〉，《研究論集》，第9號，日本：広島經濟大学經濟學會，頁47-48。

[53] 石之瑜，2013年12月7日，〈中國對日本人民的責任〉，中國評論新聞，http://hk.crntt.com/doc/1029/0/4/8/102904862.html?coluid=136&kindid=4730&docid=102904862&mdate=1207010011。

國，相較於美國的大國實力和中國勢力的崛起，面對國際間的大國政治運作，日本必須有(1)產生高附加價值的革新技術；(2)提高國際競爭力和輸出能力；(3)培育高科技產業的人才等的對應。[54]日本自戰後秉持的和平主義重點在於非武裝中立論、憲法第9條、聯合國的維持和平活動等。然安倍深諳此外交困境，卻也不得不在國家安保和經濟利益考量下，尋求日本的自保之道。具體實現在安倍積極和平主義、日本集體自衛權的解禁，以及新安保法制的上路等，以下分述之。

一、安倍積極和平主義

基本上，日本安保依據和平憲法制定相關防衛政策，其中兩大支柱分別為自衛隊和美日安保，自衛隊的功能在於專守防衛，主要任務有防衛國家安全和維持公共秩序；美日安保則是在雙邊關係之下，彼此進行對日直接安保、穩定遠東範圍、美日關係的基軸以及日本對外的基礎。請參考圖4-3。

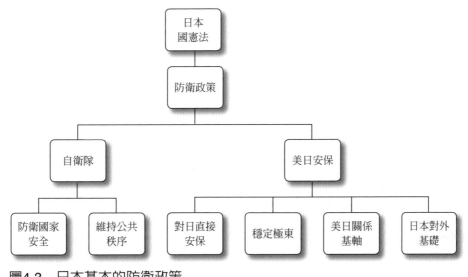

圖4-3　日本基本的防衛政策
資料來源：作者自行整理。

---

[54] 倉頭甫明，〈日本の安全保障について〉，頁34。

　　冷戰時期日本可以在美國核武保護傘之下進行消極的防衛，但進入後冷戰時期日俄關係的變化、中美新型大國關係的提出、北韓核武威脅等，消極性的防衛政策似乎不能替日本帶來安全的保護。為此，後冷戰時期日本強化美日同盟，讓美日安保不僅穩定遠東，更將範圍擴大到亞太周邊，包含台海有事之際等。為對應美日同盟的變化，日本修改《自衛隊法》以擴大自衛隊功能和派遣海外任務等，以及新增《PKO合作法》和《對應武力攻擊事態法》讓自衛隊可以參與聯合國的維和活動和到他國出任務等。請參考圖4-4。

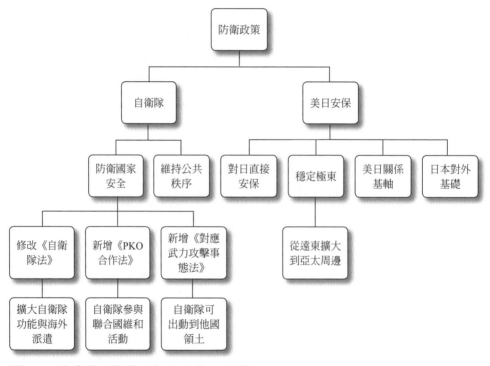

圖4-4　後冷戰時期日本防衛政策的轉變
資料來源：作者自行整理。

　　即使日本處心積慮地要進行自主性安保和強化美日同盟，東北亞的區域和平依舊不穩定。為求國家基本的安全生存，2007年第一次安倍內閣

時就曾公布「國家安全保障之強化官邸機能會議」（日文：国家安全保障
に関する官邸機能強化会議）報告書，訴諸成立國安會、專職研究人員、
新設國家安保擔當輔佐官。[55]第二次安倍晉三政權登台後，祭出三支箭策
略而繳出亮眼成績的安倍經濟學，顯然不甘寂寞，隨即在2013年12月提出
「積極和平主義」（Proactive Contributor to Peace）的對外方針，稱之為
「安倍積極和平主義」。典型積極和平主義（Positive Peace）相對於消極
和平主義主張和平只是沒有爆發戰爭的一種消極狀態，Quincy Wright提倡
需要積極的行動以維持和平。[56]安倍積極和平主義重在積極性，以多邊主
義交織日本多層次的安保防衛網，充分展現在對內的立法配套，以及對外
的美日同盟、參與集體自衛權的動向。此部分先就安倍積極和平主義與對
內的立法配套進行說明。

（一）成立國家安全保障會議和修改《自衛隊法》和《周邊事態法》

　　就安倍的國內立法配套動向來看，傳統日本決策過程的官僚主導和
省廳利益對立，反映了冷戰後官僚的僵硬對應，單靠某一省廳的決策誠然
無法解決迫在眉梢的安保議題。2013年11月27日，日本國會立法通過設立
「國家安全保障會議」（National Security Council, NSC），以內閣為國安
的司令指揮台，快速且統合性地進行日本安保、外交、防衛等決策。隨即
2014年1月日本內閣成立「國家安全保障局」，強勢的官邸主導凌駕官僚
主導，2月推動修改《自衛隊法》和《周邊事態法》，避免日本發生未達
武力攻擊時的緊急事態，自衛隊也可採取對應措施。《自衛隊法》修改方
針預計有：增加自衛隊的區域警備新任務、擴大自衛隊使用武器的權限、
迅速的自衛隊出動程序等。[57]

---

[55] 国家安全保障に関する官邸機能強化会議，2007年2月27日，《報告書》，http://www.kantei.go.jp/jp/singi/anzen/070227houkoku.pdf。

[56] Johan Galtung進一步定義積極和平主義，是在沒有貧窮、壓迫、差別的暴力之下呈現。

[57] 讀賣新聞，2014年2月5日，〈自衛隊に任務追加へ、領域警備で離島上陸に対処〉，http://headlines.yahoo.co.jp/hl?a=20140204-00001707-yom-pol，2014/2/5。

　　一連串修法目的在於提高自衛隊能力，甚至在《周邊事態法》的修案提議中，安倍主張基於國家利益且明確的政治判斷，日本可以在國家周邊行使最低限度防衛，讓《周邊事態法》成爲積極維持和平主義的法源。有別於1999年《周邊事態法》制定之初用意在於避免台海危機的波瀾，日本積極修改法條的目的在於抑制中國和北韓威脅。《周邊事態法》第1條明示：「無視周邊危機，將對日本的和平與安全產生重大影響」。[58]而日本可援用《周邊事態法》，接受遭到武力攻擊國家的援助要求，前提是須要基於日本國家利益的高度政治判斷。

　　2014年日本新設「國家安全保障會議」，爲避免省廳利益或意見的衝突，以及緊急時刻攸關安保的決策效率，通過《國家安全保障會議法》，於內閣府設置國家安全保障會議。該會主要成員爲首相、官房長官、外務大臣、防衛大臣，定期性進行共同討論，此會設立的最大意義在於，自此首相不再僅是決策過程中的協調者，乃是轉變成決策的領導中心。因此，國家安全保障會議將是決定日本防衛與安保的最高司令塔。日本防衛省統合幕僚監部於2017年1月20日發表去年度4月至12月航空自衛隊戰鬥機對應中國飛行器的緊急出動次數，高達644次，比2015年571次多出73次，對應俄羅斯部分也高達883次，顯示安倍爲何要積極防衛日本的安保有實際上之需要。[59]

（二）防衛裝備移轉三原則和新武力行使三原則

　　2014年4月1日，自民黨與公明黨以日本的國際貢獻論和安保共識，推出「防衛裝備移轉三原則」取代原有的武器輸出三原則，允許日本輸出武器。新原則重點在於：(1)不輸出到紛爭國或違反聯合國決議之國；(2)與國際貢獻或日本相關之際，需要有嚴格審查；(3)目的以外的武器輸

---

[58] 日本國會，1999年5月28日，《周辺事態に際して我が国の平和及び安全を確保するための措置に関する法律》，https://www1.doshisha.ac.jp/~karai/intlaw/docs/shuhenjitai.htm。

[59] 朝日新聞，2017年1月20日，〈空自機スクランブル、過去最多ペース　対中国機が急増〉，http://www.asahi.com/articles/ASK1N5RY0K1NUTIL043.html。

出或移轉到第三國之際，必須確保有適當管理。[60]上述內容最終必須由首相或國家安全保障會議來決議。同年7月，安倍首相提出修正以往武力行使三原則，進化成「新武力行使三原則」，即：(1)當日本受到武力攻擊，或是與日本有密切關係的他國遭受武力攻擊，當威脅日本生存時，民眾性命、自由和追求幸福權利有被顛覆的危險；(2)為排除上述危險以及力求日本生存、保護國民目的之下，已無任何適當方法；(3)武力行使應僅限於必要最小限度。

（三）2014年日本新防衛大綱

　　同時並行的是，整合截至目前的個別、零散法規，推出2014年底的「國家安全保障戰略」和《新防衛大綱》，藉由現階段催生《國家安全保障基本法》的成立，作為往後日本整體安保的主軸。2013年日本防衛大綱明示，以最大統籌能力呈現海上和航空自衛隊的高度優越機能，以求有效達到最大化防衛程度。1991至2011年日本各自衛隊在中期防衛力整備計畫（日文：中期防衛力整備計画）的主要裝備費用，海上約39%、陸上為35%、航空為26%；然而到了2013年卻以海空為主，成為海上約40%、航空為34%、陸上下滑到26%。[61]陸上自衛隊的裝備費用低於海空的主因在於中國與俄羅斯的威脅。延續此態勢，2014年12月日本防衛大綱也是以海空防衛為主，賦予自衛隊更機動的任務防範，以綜合統籌力進行防衛。其次強化美日防衛指針，讓日本的防衛大綱不僅執行自國任務，也結合美國軍事力量，強化整體對應能力（見表4-1）。[62]

---

[60] 日本經濟新聞，2014年3月31日，〈新武器輸出三原則、1日に閣議決定〉，http://www.nikkei.com/article/DGXNASFS3102T_R30C14A3PP8000/。

[61] 日本防衛省，2011年12月17日，〈中期防衛力整備計画について（平成23年度～平成27年度）〉，http://www.mod.go.jp/j/approach/agenda/guideline/2011/chuuki_p.pdf#search=%27%E4%B8%AD%E6%9C%9F%E9%98%B2%E8%A1%9B%E5%8A%9B%E6%95%B4%E5%82%99%E8%A8%88%E7%94%BB+2011%27，頁25-29。

[62] 日本防衛省・自衛隊，2014年12月17日，〈平成26年度以降に係る防衛計画の大綱について〉，http://www.mod.go.jp/j/approach/agenda/guideline/2014/pdf/20131217.pdf，上網檢視日期：2017/11/28。

表4-1　2014年安倍積極和平主義的相關動向和法案

時間	動向／法案	內容
2014年1月	日本內閣成立國家安全保障局	官邸主導和統籌日本外交、防衛、安保等
2014年2月	修改《自衛隊法》和《周邊事態法》	增加自衛隊的區域警備新任務、擴大自衛隊使用武器的權限、迅速的自衛隊出動程序等
2014年4月	「防衛裝備移轉三原則」	(1)不輸出到紛爭國或違反聯合國決議之國；(2)與國際貢獻或日本相關之際，需要有嚴格審查；(3)目的以外的武器輸出或移轉到第三國之際，必須確保有適當管理。
2014年7月	「新武力行使三原則」	(1)當日本受到武力攻擊，或是與日本有密切關係的他國遭受武力攻擊，當威脅日本生存時，民眾性命、自由和追求幸福權利有被顛覆的危險；(2)為排除上述危險以及力求日本生存、保護國民目的之下，已無任何適當方法；(3)武力行使應僅限於必要最小限度。
2014年12月	2014年日本新防衛大綱	賦予自衛隊更機動的任務防範、強化美日防衛指針。

*作者自行整理。

　　然而安倍的積極性擠壓了具消極和平主義的日本憲法。安倍一再強調，現行和平憲法捆綁自衛隊能力，日本的國際貢獻和安保是刻不容緩的課題，端賴多邊主義運作參加集體自衛方為上策。安倍的積極和平主義迥異於傳統積極和平主義，採取將修憲、解放自衛隊能力與集體自衛權包裝成套，自衛隊從以往的專守防衛，被提升到高度的機動性和防衛力，具有先發制人意涵，日本憲法的消極和平主義將被導向攻擊性發展。[63]第二次安倍內閣抱持著不退讓的決心，積極制定《特定祕密保護法》、修訂《防衛大綱》派遣自衛隊到海外、設立日本版的NSC、公布國家安全保障戰略、廢止武器輸出三原則改推「防衛裝備移轉三原則」、變更集體自衛權

63 神奈川新聞，2014年1月30日，〈安倍首相が提唱、「積極的平和主義」って？〉，http://news.kanaloco.jp/localnews/article/1401300008/。

行使的定義，最後集大成的便是《安保法》的上路。

二、日本集體自衛權的解禁

　　第二次安倍內閣上台後首先引發話題的即是日本的集體自衛權行使問題，2014年7月安倍政權重新解釋承認日本個別自衛權的「昭和47年政府見解」，決議可在閣僚會議層級決定日本是否參與集體自衛，彰顯安倍政權的野心。安倍即使無法在國會通過修憲，卻可在最高行政指導權下決定日本是否參與集體自衛行動，破壞民主政治的實質運作。無論是日本行使集體自衛權或是派遣自衛隊到海外，憲法第9條成為一大障礙。回溯歷史，1996年橋本龍太郎政權因應美國要求修改了美日防衛指針，並且制定了《周邊事態法》。2001年登場的小泉純一郎政權則是以911事件為契機，接受美國請求派遣自衛隊到印度洋海域執行任務；2003年美國進攻伊拉克時日本也強行派遣自衛隊到伊拉克等。但事實上這些都並非出自日本積極的安保作為，而是在美國外壓之下屬於一種被動的對應。2007年承接小泉政權的第一次安倍政權，更是90年代起第一個提出修憲議題的內閣。因此修憲議題和軍事大國化的課題，都遺留到2012年底上任的安倍內閣才開始著手。

　　然而日本參與集體自衛權的大前提是美國的同意。美日基於《防衛大綱》進行共同防衛，日本強化美日同盟關係。2013年10月美日召開2＋2會議，美方同意日本可以擁有先發制人的武器，[64]提高自衛隊的能力，藉日韓的軍事合作關係穩定區域和平。[65]其次，美日同盟基於2＋2會談結果，日本於2014年著手修改《新防衛大綱》和《新防衛指針》。在此之前，日本於8月通過有史以來最高的防衛預算48,194億日圓，意味著日本防衛基

---

[64] 日本防衛省・外務省，2013年10月，〈日米安全保障協議委員会（「2+2」閣僚会合）等の開催〉，http://www.mod.go.jp/j/press/youjin/2013/10/03_2.html。

[65] 平和安全保障研究所，《アジアの安全保障（2011-2012）》，東京：平和安全保障研究所，頁73。

準大幅提高。不論是為了符合行使集體自衛權的能力，或是提高日本自我防衛能力，日本的軍事企圖不言可喻，也可明瞭美國贊同日本參與集體自衛。[66]

現實主義強調權力是左右國際關係的關鍵，2007年第一次安倍內閣的「美麗國家」（日文：美しい国へ）理念，不得不轉換成2012年的「嶄新國家」（日文：新しい国へ）。權力成為安倍從理想主義銜接到現實主義的關鍵，安倍必須從不敷現實使用的和平憲法，依循集體自衛權釋憲、修憲等步驟，逐步落實其對國家的設定，具體動向有修改武器輸出三原則、搬運核武、購買F-35戰機等。雖然戰後日本秉持不製造、不擁有、不輸入核武的非核三原則，然而2014年2月14日，日本外相岸田文雄在眾院預算委員會坦誠「一旦發生緊急狀況，不否認允許美軍將核武器運進日本的可能性」。[67]加上北韓持續的核武威脅，日本國內鷹派人士也逐漸醞釀核武裝論。即使安倍重申日本遵守非核三原則，防衛裝備移轉三原則的貿然登台，藉由新路徑販賣武器給參與集體自衛的國家們，或是讓美軍運送核武入日，都是安倍欲參與集體自衛的前奏。甚至安倍預計與北約秘書長進行會談，討論日本企業可以參與F-35戰機部件製造等事宜。此會談可謂安倍的一石二鳥之計，不僅替日本創造軍需產業的商機，也是提高日本戰力、參與先進國家集體自衛的前鋒。

現今的國際社會中主要有三大課題，分別是大量破壞性武器（Weapon of Mass Destruction, WMD）的擴散、恐怖主義、海盜問題。[68]尤以ISIS為首的伊斯蘭國恐怖分子在近年來綁架各國人士並加以殺害，2015年初兩位日本人被綁架事件，鑒於日本自衛隊無法在海外進行武力攻擊，只能藉由敘利亞政府從中協調是否能救助，結果仍被殺害。2月2日安

---

[66] 日本防衛省，2013年3月24日，《我が国の防衛と予算 平成26年概算要求の概要》，http://www.mod.go.jp/j/yosan/2014/gaisan.pdf。
[67] 中時電子報，2014年2月15日，〈違反非核 安倍有條件允美運核進日〉，http://www.chinatimes.com/realtimenews/20140215002301-260408。
[68] 山本吉宣、納屋政嗣、井上壽一、神谷万丈、金子将史，《日本の大戦略》，頁130。

倍首相在參院預算委員會表示：「因為憲法保障國人海外進出的自由，故無法從法律限制國人進入到危險區域。但藉由此事件，必須從法律層面和其他觀點來探討如何在國際間保護國人的生命安全。」[69]強調現今的日本必須進行修憲，才能更全方面的保障日本人在海內外的安全。而在真正進行救援活動時，若是需要與他國軍隊共組，又限於日本憲法解釋禁止行使集體自衛權，安倍表明是一個重大課題，也透露出欲讓日本參與集體自衛的思維。2015年伊斯蘭國綁架日本人事件，安倍譴責恐怖分子的行為，且強烈表示不向恐怖分子妥協，訴求「要讓恐怖主義分子償還罪行，必須與國際社會攜手合作」。當時日本的中谷元防衛大臣也在防衛省幹部會議中指示，為了執行聯合國維和活動（PKO），也務必確保派遣至海外執行任務的自衛隊安全。[70]

　　安倍利用了國家機器實現政治意圖和權謀運作，在詭譎多變的國際環境中，國家本身就是政治結合權力後的產物，[71]國家為國家利益私有化，成為實現領導者政治野心的工具。安倍試圖解釋的集體自衛權，即是假設國際間呈現烏托邦（utopia）諸國皆平等的狀態，一旦爆發危害世界和平之事態，同盟國集結防衛。然而日本和平憲法長久以來秉持個別的自衛權，若是日本參與集體自衛，當他國遭受攻擊，也必須挺身而出協助被侵略國，等同於違憲。遑論現實的國際秩序圍繞權力運作，大國與小國關係只有形式平等，不具實質平等。

三、新安保法制的上路

　　國家的安全保障一直是政府重要的課題，從國際聯盟起的集體安全

---

[69] 產經新聞，2015年2月2日，〈政府、危険地域への渡航自肅徹底へ具体策檢討 強制力には「憲法の壁」〉，http://headlines.yahoo.co.jp/hl?a=20150202-00000555-san-pol。

[70] 產經新聞，2015年2月1日，〈イスラム国側「無謀な決断は日本人の殺戮に」首相「罪を償わせる」〉，http://www.iza.ne.jp/kiji/politics/news/150201/plt15020120040026-n1.html。

[71] Carl Schmitt, 2007, *The Concept of the Political*, US: The University of Chicago Press, p. 19.

發展到後冷戰時期，安保的概念更加多元化和複雜化。加上全球化的推波助瀾之下，國與國之間的互賴程度提高，經濟安全、環保安全等概念也包含進國家的安保議題當中，同時導致國家的安保戰略和政策也有所變化。由於國際環境不確定因素增加，安保的概念也層層加疊上去，傳統的安保概念已不敷使用而誕生新安保觀，彰顯國家間的協調能力愈發重要。進一步，國家為追求經濟利益、區域穩定等，就必須強化軍備和建構同盟關係，因此一國不能單純地保有傳統的安保概念僅求基本生存，而是必須展開國際性安保觀以制定相關政策。[72]

　　訴諸新型安保概念的內涵昇華為追求人道主義、人權、民主主義等普世價值的推廣。無論是藉由傳統開發型途徑、多功能的PKO任務，後冷戰更是依據維持基本人權的自由主義論調等，都成為國家擴充自我軍事力的良好藉口。對日本而言，傳統的安保觀已不敷使用，因為現今威脅國家安保的要素不明顯、實施的政策無法明確獲得成或敗的結果，且政策不見然僅設定在單一目標之上等，導致國家的安保觀必須呈現一種國際性安保政策的內涵。[73]

　　安倍政權的安保觀採取包裹著民族主義糖衣的安保外交路線，貌似極右派的復活，事實上採取的是強化經濟安全的策略，背後隱藏的是軍事大國成長。安倍的「軍事大國化」並不像在戰前日本或是現代中國那樣單獨的軍事力擴大，而是強化美日同盟、與美國合作的一種集體自衛。日本若是持續以冷戰時期的美日同盟為基礎，在和平憲法框下進行最低限度的國家安保防衛，是無法應付後冷戰時期詭譎多變的國際局勢。故日本若想取得領導地位的大國風範，則不單僅是自國的安保，在不擴散核武政策、防恐對策、國際維和行動等都必須積極有所作為，甚至還須要成為推動國際制度形成，或是大國間協調的主要者等。[74]

---

[72] 山本吉宣、納屋政嗣、井上寿一、神谷万丈、金子将史，《日本の大戦略》，頁123。
[73] 同上，頁136-146。
[74] 渡辺治、岡田知弘、後藤道夫、二宮厚美，《〈大国〉への執念 安倍政権と日本の危

　　對日本而言，新世紀的安保政策應有以下數原則，一是堅持放棄侵略戰爭；二是維持美日同盟的嚇止力，並盡可能地擴大自我防衛能力；三是爲維持區域穩定，必須積極參與國際安保活動。新型安保的領域包括有核武不擴散、武器秘密輸入、取締毒品、防恐、海盜對策等「國際警察活動」，建構和平、國內爆發內戰、難民對策、災害救援等以基本人權和人道主義爲主的「人類的安全保障」等。[75]

　　2013年日本工程師在阿爾及利亞的煉油廠被綁架事件，日本修改《自衛隊法》以應付在緊急事態時可以運送在海外的日本人。修法後雖然讓自衛隊可以使用無後座力砲（recoilless rifle）等攻擊敵方戰車，但是陸上自衛隊卻不能進行特殊作戰以搶回人質。[76]爲此，2015年伊斯蘭國綁架日本人事件後，日本的安保法制《聯合國維持和平活動合作法》區分「隨行警護」可使用武器，以及基於當事國同意救援日本人的「武力行使」而進行的警察活動等，強化對日本國民的保護。

　　2015年5月14日自民黨提出安保等法案，預計於該會期預定《國際和平支援法》和《和平安全法制整備法案》等。《國際和平支援法》目的在於維持國際社會的和平安全，重點在於該法的恆久化。然日本對外國軍隊的後方支援需要國會事前承認的義務，從首相要求的國際支援法案，參眾院必須於七日內決議。對外國軍隊的後方支援，自民黨希冀通過《重要影響事態法》，擴大日本對國外軍隊支持的範圍，解除限約自衛隊活動的範圍。但公明黨認爲應該還是以現行《周邊事態法》爲主。《和平安全法制整備法案》有關日本的和平安全，爲參與集體自衛權、支援與日本相關國家，以及對日本生存或對國民權利有明確威脅之際等內容。所謂對日本生存或對國民權利有明確威脅之際，是指2013年1月的阿爾及利亞日本工程

機》，頁5-7。

[75] 山本吉宣、納屋政嗣、井上壽一、神谷万丈、金子將史，《日本の大戰略》，頁367-374。

[76] 產經新聞，2015年2月2日，〈邦人救出・自衛隊出動に法の壁　「武器使用」目指すが……〉，http://www.iza.ne.jp/kiji/politics/news/150202/plt15020213080004-n1.htmll。

師被挾持的人質事件，希望能夠在緊急狀態下由自衛隊進行人員保護運用等，因爲現行的《自衛隊法》無法讓陸上自衛隊特殊作戰群在陸地上進行搶奪人質的作戰，[77]以及2015年伊斯蘭國殺害兩位日本人亦是。另外，安倍認爲鄂霍克茲次海的掃雷應列入集體自衛，但遭到公明黨反對。以及民主黨認爲自民黨的安保法制內容不明確，其他在野黨也反對。

　　2015年9月日本通過《和平安全法制整備法案》（簡稱安保法），於2016年3月29日起正式實施。安保法由十個重要法案修改和增設《國際和平支援法》組成，分別與日本的集體自衛權行使、支援與日本友好的國家，以及對日本生存、國民生命有明確威脅的安保內容等。若從性質來看，可區分有賦予自衛隊先發制人能力的《自衛隊法》、《聯合國維持和平活動合作法》；區域安全的《重要影響事態法案》、《船舶檢查活動法》；強化美日同盟的《武力攻擊暨存立危機事態法》、《美軍等行動關聯措施法》、《特定公共設施使用法》、《海上輸送規制法》、《捕虜處理法》；以及統籌日本安保的《國家安全保障會議設置法》。最後，《國際和平支援法》目的在於爲維持國際社會的和平安全規範日本自衛隊相關行爲等。然而日本安保法的通過突顯國家防衛上的特色，增強的日本自衛隊能力和矛盾的區域關係、美日同盟的擴大和日本參與集體自衛等。[78]

參、小結

　　本章分析安倍經濟學、安倍積極和平主義等，試圖描述出安倍對內和對外的大國意象。在第一部分的安倍經濟學內涵、全球競爭大國、日本領導的TPP三層面探討，觀察出安倍是以褪去福利國家色彩、提高日本企業的國際競爭力、三支箭政策等方式訴諸安倍經濟學。從GDP或是日本對外

---

[77] 同上。

[78] 鄭子眞，2016，〈日本新安保法的兩面性：顯性自衛、隱性侵略〉，《天大報告》，第109期，頁1-5。

輸出的數據驗證安倍經濟學在初期是成功的，而三支箭政策的緊急經濟政策是透過日圓貶值、國內2%的通膨成長率等方式實施。從全球競爭大國層面來看，日本必須分擔美國維持世界秩序的費用，而這龐大費用不僅有支付駐日美軍的用途，還有被擴大功能的自衛隊和每年增加的防衛預算，以支撐日本成爲全球競爭大國的資格。相對地，日本大企業必須降低勞動成本、減少企業負擔，以及增加日本的外匯收入。故在日本領導的TPP層面，日本無法成爲像中美的龐大經濟規模市場，但卻可以以智慧型領導來帶領TPP的發展。日本領導的TPP具有兩課題，一是TPP與 FTAAP的對抗關係，二是TPP的變數，尤以2017年美國川普總統上任後否決美國簽屬TPP，且在川普的強勢作風下，認爲美日間存在有相當大的貿易逆差。爲此，日本只能爭取作爲一個以日本爲主導的TPP，但規模與影響力勢必變小，而且也出現中國加入TPP的可能，或是日本也選擇加入FTAAP。

　　第二部分的安倍積極和平主義，主要有安倍積極和平主義的內涵、日本集體自衛權的解禁，以及新安保法制上路的說明。由於安倍背負著1990年代起日本國家正常化和自主性防衛的重要課題，必須著手的就是修憲和軍事大國化。因此陸陸續續修改了《自衛隊法》、《周邊事態法》、《防衛大綱》等，制定了《特定秘密保護法》和成立國家安全保障會議等。讓日本的防衛和安保功能出現垂直性統合和更具效率性的資源統籌。進一步，爆發阿爾及利亞日本人質事件和伊斯蘭國殺害日本人事件，安倍提出解禁集體自衛，在無法修憲的高門檻之下改採內閣決議方式認可日本參與集體自衛。而新安保法制的上路主因是國際社會的不確定因素增加，對日本而言，除了北韓核武和中國威脅之外，要維持住國家在區域的領導地位，必須更加強化美日同盟關係，以及成爲推動國際制度的主要行爲者。還有因爲近年來日本人在海外被綁架或遭受恐怖分子挾持事件等，都讓日本當局不得不更周密地制定相關法律以保障國人在海內外的生命財產等。因此新安保法制牽涉的範圍與日本的集體自衛權行使、支援與日本友好的國家，以及對日本生存、國民生命有明確威脅等相關。

　　1958年Organski在《世界政治》（*World Politics*）提出權力移轉理論（Power Transition Theory），國際政治中區分有競爭型、協調型、混合型的權力移轉。競爭型意味著大國與新興國家間的政治、社會、經濟體制、理念差異過大時，權力轉移容易出現競爭關係，主因在於新興國家的不滿現狀；若是國家間的實力差異不大且價值觀和理念相近時，權力的轉移比較容易出現協調的方式進行，係協調型權力移轉；而目前中美的權力關係比較接近混合型，長期以來美國一直是維持世界體系和普世價值的核心，但中國作為後進國家的領導，其政治體制、價值觀等與先進民主國家有所不同，導致此兩大國在權力交鋒之際容易出現磨擦。然而全球化經濟卻也讓兩國不得不攜手合作，因此中美的關係是屬於既競爭又合作的協調型權力移轉。[1]

　　全球競爭大國最大的特徵，就是擁護自國的企業利益以確保國家的繁榮。目前可以讓企業更活躍於世界秩序，是以美國為中心而發展出的自由市場秩序，但要維持秩序，保持和使用強大的軍事力是必須的。然而經濟至上或是保障國家生存安全之間的拿捏，對政府而言有時是一個難題，但企業卻是以利益至上為最高原則，遑論21世紀中國市場的重要性。長期以來日商一直深耕中國市場，卻因為釣魚台爭議引發中日關係。安倍政權採取積極的經濟對策，希冀藉由經濟外交維護自國企業的利益，安倍已成為戰後最多外訪的內閣首相，經常造訪東南亞諸國，也與澳洲、印度有所互動。安倍的經濟外交藉由地球儀外交途徑，透過雙邊貿易以及安保議題形

---

[1]　A. F. K. Organski, 1958, *World Politics*, US: Alfred A. Knopf.

構的鑽石防衛網，都是一種維持和平和擴大雙方利益的管道。藉由經濟性低卻政治性高的外交途徑，幫助日本企業在全球競爭中脫穎而出，被視爲一種以全球化企業爲本位進行的新自由主義改革，拼湊出安倍設定的日本政治經濟體制。安倍的外交依循「先內而外」與「先易後難」之原則，積極推動強化國防改革與美日同盟、加入TPP協商、推動地球儀外交、逐步改善與中韓的經貿關係等。[2]

對當前的日本而言，要成爲軍事大國和全球競爭大國，新自由主義路線的實施之下國家、資本、技術成爲更重要的創新因素。揮別以往傳統對國家、資本、技術的定義，國家必須看得更遠，才有更多的談判籌碼在國家舞台上揮毫，而在經濟全球化下資本的多國籍化，或是金融力量成爲一股推動全球市場的動力，其中技術變成左右資金流向何處的關鍵。以下就安倍內閣的外交方針，焦點置於中國崛起和鑽石防衛網、北韓核武和區域穩定說明。

壹、中國崛起和鑽石防衛網

一、鑽石防衛網

2012年底甫上台的安倍內閣外交方針是地球儀外交，實質上是對中包圍網，撒下鑽石防衛網來圍堵中國區域強權的成長和海權大國的發展。第二次安倍內閣上台後，因爲國內政治的不穩定、經濟低迷等，提出加強軍事、美日同盟、與中國周遭國家友好的對中包圍網。以往美國柯林頓政權時一方面重新定義美日同盟，一方面將中國設定爲戰略夥伴。到了小布希政權是已將中國改爲戰略性的競爭者，雖在外交上對中採取強硬態度，但面對廣大的中國市場，卻採取了包圍（containment）與交

2　郭育仁，2014，〈第二次安倍內閣之外交政策走向〉，《全球政治評論》，第46期，頁43。

往（engagement）的圍交策略（congagement）。2004年Joshua Cooper Ramo提出「北京共識」一語，指出中國是一種獨裁現代化（authoritarian modernization）或合法化威權（Legitimizing Authoritarianism）。[3]

　　因此2012年安倍上台後祭出地球儀外交，起自俄羅斯環繞中國，南下到東協與澳洲等，值得注意的是日緬的互動與日印的經貿合作關係。2014年4月日本緬甸合作，日本同意免除緬甸拖欠的37億美元的債務，並在時隔二十五年之後重新啓動向緬甸提供發展援助。日本和緬甸領導人在東京會晤時還一致同意，將制定在緬甸最大的城市仰光附近設立特別經濟區的計畫。相對地，緬甸對於中國的石油運送經濟利益與作為南海後門的戰略位置也很重要。中緬原油管道來自中東，不用繞道麻六甲海峽，緬甸特意設立皎漂經濟特區的自由貿易區運送中國石油。中國特意運作經濟力維護鄰國互動，也意在對抗夾雜在二者之間的印度崛起影響緬甸。

　　2014年5月印度新首相莫迪（Modi）允諾安倍將前往日本商談未來合作關係，以印度龐大消費市場對抗中國市場。同年9月兩人進行會談，同意兩國未來可以設置外交與防衛的閣僚協議（2＋2），用以牽制中國的海洋進出，共同防衛南海或印度洋等海上交通。安倍意在強化海洋安全保障，讓日本與美國的夏威夷、澳洲、印度四國結合成「鑽石防衛網構想」（日文：安全保障ダイヤモンド構想）。[4]

　　鑽石防衛網的基本構想，來自安倍於2012年底上任後發表的「亞洲的民主主義、鑽石防衛網」（日文：「アジアの民主主義 セキュリティー ダイヤモンド」）文章。當時中國發表與孟加拉、斯里蘭卡等包圍印度的「珍珠鍊」（String of Pearls）戰略，企圖串連起從南海到中東的據點，作為包括石油海運等重要戰略運輸線。[5]為與珍珠鍊相抗衡，安倍的鑽石

[3] Joshua Cooper Ramo, *The Bejing Consensus*, 2004, UK: The Foreign Policy Centre, pp. 3-4.
[4] 山本雄史，2014年9月2日，〈安倍首相の「安保ダイヤモンド構想」、対中抑止へ完成間近〉，日本産經News，http://www.sankei.com/politics/news/140902/plt1409020009-n1.html。
[5] 自由時報，2009年3月28日，〈陸委會：中國珍珠鍊戰略 伸入印度洋〉，http://news.ltn.com.

防衛網加入印度此一重要成員，但由於印度採取傳統的「非同盟」外交路線，不太與特定國家簽訂條約或協定，故安倍使用經濟手段與印度商談日印的安保戰略。甚至這期間日本以閣議方式決定是否參與集體自衛一事，也獲得莫迪首相的支持。日印首腦會議後發表「特別戰略夥伴關係」（日文：特別な戰略的パートナーシップ），事實上日印兩國關係已經提升為「準同盟國」。[6]加上同年7月日澳首腦會議也發表共同聲明，連同與印度的夥伴關係，無疑地安倍的鑽石防衛網已成形。

　　另一方面，2014年5月30日安倍出席亞洲安保會議，強調「國際法治理」，支持菲律賓對於中國的南沙和西沙群島領土爭奪的動作，以及越南的行動等，嚴厲批評中國。安倍提出海洋的法治理三原則：國家基於法律行動、不使用武力或威嚇、以和平方式解決紛爭。安倍說：「日本有意在維護亞洲及世界的和平上，扮演比以往更重要、更加積極主動的角色，實現全球和平。」安倍期許透過積極和平主義參與集體自衛權，以美日安保為基軸和東南亞諸國協力維持區域穩定。反觀美日在東北亞的互動，美國重申美日安保的適用、支持日本集體自衛權參與，以及不承認中方的東海防空識別區。日本防衛大臣表示，各國將針對亞太區域的海空軍進行防衛交流，建構彼此合作和對話機制。理應避免一方單獨改變現狀的激烈衝突，以法律和機制進行才是。日本希望得到美國支持，建構亞洲版NATO，至少先有解決現行問題的海空軍交流機制平台，然排除中俄的參與。

二、中日關係

　　2010年2月美國發表每隔四年公布的國防政策（QDR 2010），當中提

---

tw/news/politics/paper/291062。

6　日本外務省，2015年12月12日，〈日印ヴィジョン2025 特別戰略的グローバル・パートナーシップ インド太平洋地域と世界の平和と繁栄のための協働〉，http://www.mofa.go.jp/mofaj/s_sa/sw/in/page3_001508.html。

及來自海外的網路攻擊、國內網路的駭客入侵、國際海盜、衛星破壞武器、進出太空等，都將假想敵設定爲中國。[7]2012年習近平上台後發表與美國的「新型大國關係」，相對之下的美日同盟關係，是以中國崛起和連動的國際關係作爲基軸而產生變化。伴隨中美抑制核武發展狀況和中國在周遭活躍的軍事活動等，美日同盟和共通利益愈顯需要緊密的合作關係。然而在國際經貿上卻是以自由主義爲主的資本主義國家和奉行國家資本主義的國家，兩者之間在經濟全球化下具有共同的資本流動市場，彼此的經濟互賴程度也高，呈現政經不一的現象，但是中日關係卻是政經皆冷的發展。

新型大國關係是以中國爲本體出發的亞洲新安全觀，習近平提出包容性安全架構，藉由排除美日關係，納入以中亞國家爲主和少數東南亞國家如緬甸等，試圖排擠美日的干擾。中國祭出軍事同盟、批判現有國際框架，甚至提議創設不以美國爲主的國際組織，如2014年5月上海召開的亞洲相互協作與信任措施會議（Conference on Interaction and Confidence-Building Measures in Asia, CICA）等，都呈現中國主導的亞洲新安全觀。[8]中國強權的動向無一不衝擊到日本在亞太的領導地位，遑論CADIZ（China Air Defense Identification Zone）的設定、南海設置油氣探勘設施等，都傷及日本的國家利益。

爲此，安倍政權對中的戰略主要有三，分別是加強軍事、強化美日同盟、與中國周遭國家相互合作。日本與中國同爲地緣政治上的強國，卻又面對權力交鋒的過渡時期。安倍藉由鑽石防衛網的發揮形成對中包圍網，日本加強西南防衛以及防堵中國欲在西太平洋活躍進出的動向，1992年中國公布《領海法》提及南海和東海等都是其領海範圍，2010年《海島保

---

[7] Department of Defense, 2010, *Quadrennial Defense Review Report*, US: Department of Defense, pp. iii-iv.

[8] 山口信治，2014年8、9月，〈習近平政権の対外政策と中国の防空識別区設定〉，《NIDS NEWS》，http://www.nids.go.jp/publication/briefing/pdf/2014/briefing_190.pdf，頁3。

護法》更加強化此態勢。中國的海洋政策採三階段發展，首先是在2020年前突破第一島鏈。然而要論及到2040年中國的海洋政策發展言之過早，一般都是採取五年或十年的計畫。故日本認為中國的海洋政策仍有其缺陷，第一，中國不可能在短期內訓練出優秀海軍，即使中國擁有良好的海艦，也無法好好發揮它的功能，不能與自衛隊相抗衡。第二，中國不具有統合控制能力，意即沒有像日本開發的電腦統合控制系統的軟體能力（Common Internet File System, CIFS）。

中國的海洋政策挑戰日本的防衛、外交等，尤以釣魚台爭議讓日本特別重視西南方防衛，鞏固第一島鍊。中國解放軍鎖定西太平洋並將此動向常態化。此一軍事事實迫使東海出現很多爭議，中國的海洋政策帶來區域緊張，除了軍艦南下巡航，其空軍也不斷接近日本領空。其他尚有非軍事性問題，中國成立海洋局以操控全局，以及建造51艘與日本相同程度的100噸軍艦，未來中國預計發展到目前1.6倍的軍艦量。除了東海爭議，中國在南海還有與菲律賓的島嶼爭議等，故中國採取「剝洋蔥」方式進行軍艦、警備、軍事的整體計畫。

第二次安倍內閣的中日關係，主要圍繞中國威脅的立場而行，肇因在於2012年起的釣魚台爭議。然而其他的外交課題仍有嚴峻的北韓核武問題，面對北韓核武和中國威脅，既存的KEDO（Korean Peninsula Energy Development Organization）和六方會談依然發揮不了喝制作用，仍出現北韓金正恩政權多次的試射導彈和核爆試驗。鑲嵌在新區域主義之下的次結構要素無法動作時，突顯日本在整體國家安保戰略上必須採取更加多元和多邊的手段。簡言之，在東北亞區域穩定上，日本希望得到美國支持，建構亞洲版NATO（North Atlantic Treaty Organization），至少先有解決現行問題的海空軍交流機制平台，然排除中俄的參與；或是中日之間針對領土或ADIZ的重疊，可建構危機管理機制。當中國遊走國際法邊緣、試圖衝破第一島鍊、新亞洲安全觀、三線統制等，安倍呼籲中日兩國應該回到「戰略互惠關係」的原點發展雙邊關係。

貳、北韓核武和區域穩定

　　基本上，國際政治中一國外交往往是其內政的延伸，2016年美國川普總統上任後帶給國際社會許多衝擊和不確定性，尤以美國作爲一超級霸權國（Hegemony），其貨幣政策和作爲全球性安保公共財的美軍能力等，左右世界局勢的發展。另一方面，二戰結束後遺留的中東問題、兩韓問題、兩岸問題等都成爲可能引爆第三次世界大戰的導火線，從近年來國際事件的發生，不難看出伊斯蘭國的動盪、北韓核武威脅、釣魚台爭議等，皆有可能動輒得咎引發更大的災難出現。後冷戰時期的不確定因素（uncertain factor）增加的同時，對於東北亞區域的穩定維持，取決於同屬地緣政治中主要國家的判斷，危機感的提高、不確定因素的增加，更是挑戰相關行爲者的交涉能力。除了美國，位於東北亞的中日韓等國擁有不同的國力和發展，外交上的不一致和內政難題也是加深維持區域穩定的難度。故在國際關係的互動中，常有專家學者採取博弈理論（game theory）觀點分析各國的互動和預期，藉以釐清在大方向和大戰略上，各國可能採取的行爲和結果。

　　博弈理論的基本假定有三，一是明確的行爲者（players）；二是行爲者各自擁有策略，且每一配對策略有一數值成果，意即追求明確的報酬存在；三是充分的資訊和理性，以確保最高收益或最低損失。博弈理論爲一抽象與演繹的決策模型，它並不描述行爲者實際如何作決定，而是其具有全然理性，在競爭情況下應如何做決定。故博弈理論是理性主義的一種型態，應用於競爭衝突場合，決策成果取決於其他行爲者的動作，而非僅單一行爲者本身而已。面對位於東北亞各國的行爲者在各自盤算之下，事實上其擁有的資訊和理性各有不同。理性基本上具有(1)聯結性（connectivity，即a > b之間的關係）和遞移性（transitivity）；(2)具有理性的行爲者會追求最大的期望效用（expected utility）；(3)理性涉及的是

行為者本身，而非集體（collectivity）。[9]對照各國實力和理性盤算，存在有獵鹿賽局（Stag Hunt）、膽小鬼賽局（The game of chicken）、囚徒困境（Prisoner's Dilemma）的可能。

　　獵鹿賽局的概念由盧梭提出，是一種非零和的規則，認為兩獵人在面對捉捕兔子或鹿的過程中，兩人必須合作才能共同捕捉到鹿以符合彼此利益。若有一人跑去捉捕兔子而導致鹿跑掉，則只有一人能獲利、另一人則毫無所獲。此賽局強調的是雙方的合作關係才能創造雙贏局面（win-win）；膽小鬼賽局是指兩人相對驅車而行，當快要相撞時先轉彎閃掉的就是膽小鬼，不閃掉的就是贏家。因此是一種事前放盡狠話、擺出完全不示弱的態度以取得獲勝的可能。此種賽局往往以古巴危機之例做為說明，才能以兩方都平安結束作為最好的落幕；囚徒困境是指兩人面對同一事件時，要同時相互合作或背叛對方的機率都各只有四分之一，因此往往會有某一方採取背叛的可能性是二分之一，因為背叛對方才有可能獲益。囚徒困境產生時意指非溝通上的問題，即使有充分的溝通，所做的抉擇未必是最好的。

　　就上述的賽局概念來看，圍繞在東北亞的大國交鋒主要有中美日韓朝鮮等，獵鹿賽局適用於國力相當的國家們，採取獵鹿賽局是最符合彼此利益；而膽小鬼賽局則是用南北韓之間，彼此對於統一和安全議題上都採取叫囂方式，但朝鮮半島的安保與否實質上取決於中美因素；囚徒困境的模式取中日關係作為分析，由於中日之間並沒有針對北韓問題提出真正的合作關係，卻也因為朝鮮半島的安全事關重大，而沒有採取彼此背叛的策略，因此雙方現階段陷於進退兩難的局面。相較於獵鹿賽局、膽小鬼賽局、囚徒困境的競合關係，美日之間呈現的是強化彼此合作關係。基於美日安保，美日呈現的是強化彼此關係，卻出現有美國歐巴馬總統與川普總統時期的差異發展。

9　Anthony Downs，姚洋、邢予青、賴平耀譯，2010，《民主的經濟理論》，上海：上海人民出版社。

一、獵鹿賽局：中美的潛在性G2體系

　　Robert Gilpin從制度（Regime）出發，從民族利益說明大國的霸權（領導權），霸權出現的原因是霸權國家追逐全球權力、各國追求共同的利益，須有一霸權來扮演提供公共財的角色等。各國從國際經濟體制中獲益的同時，霸主的獲益最多。當此種利益不敷支出時，霸權國會放棄此種領導。而霸權領導中區分有三種角色：搭便車者（free riders）、[10]搞破壞者（spoilers）、霸權領導（hegemonic leaders）。而國際政治領域中和國內開放經濟市場一樣，也存在有公共財，國際間的公共財主要有三類：(1)建立最惠國待遇、非歧視原則，和無條件互惠原則基礎上的自由貿易制度；(2)穩定的國際貨幣；(3)國際安全的提供等。一般談及霸權國往往指的是美國的超級大國地位，霸權運作的方式有建立管理和控制國際事務、制定國際體系的各種國際機制，並脅誘其他國家參加，從而建立自己的霸權體系。

　　針對美國的霸權地位，相較1990年代中國的崛起，部分學者觀察到美國霸權衰落的原因可能有：(1)維持霸權地位的成本昂貴，如維持美軍全球性布署的費用；(2)公部門和私部門的支出增加；(3)霸權國家的稅制和通貨膨脹等。[11]中國龐大經濟體的崛起、軍事能力的提高等，Martin Jacques認為中國將成為世界最強的政治大國、軍事大國，預測2025年中國的GDP將成長到與美國同水準的20兆美元，2050年就會超過美國的經濟發展。[12]2008年中國於北京舉辦奧運、2016年G20杭州峰會等重大國際會議，皆可看出作為政治大國的企圖；又或者在國際事務中也展現出強國作

---

[10] 搭便車者是指在理性與自利的原則下，國家追求國家利益，盡可能不付成本而坐享國際間資源之其成，如國際間的軍事安全等。

[11] Gilpin Robert，楊宇光譯，2005，《國際關係的政治經濟分析》（*Realism in International Relations and International Political Economy*），臺北：桂冠，頁53-55。

[12] Martin Jacques，李隆生、張逸安譯，2010，《當中國統治世界》（*When China Rules the World: The End of the Western World and the Birth of a New Global Order*），臺北：聯經，頁422-426。

為，與美國的合作既競爭的關係運作之下，國際體系浮現潛在性G2體系的發展。

國際體系潛在性G2體系的發展形塑新冷戰的可能框架，自2012年起釣魚台爭議到北韓核武等，中國是21世紀大國又是地緣政治上的強權，勢必在這些唇齒相依的安全問題上採取維護國家利益的行為；而美國不僅有北韓，近來也有敘利亞、阿富汗等問題，如何維持東北亞的穩定，透過習近平主席和美國川普總統的會面和電話會談等，即可觀察出雙方在北韓問題上採取合作方式以維持彼此最大的利益。

二、膽小鬼賽局：兩韓關係

由於東北亞的局勢發展關鍵取決於中美關係，兩韓關係也依附在G2主軸運作上，從美韓藉北韓核武之名在韓布署薩德系統，引起的外溢效果（spill-out effect）卻是中國的反對，即可明瞭兩韓關係屬於膽小鬼賽局的發展。美韓的合作關係雖然刺激了中國與北韓的神經，但終究並未大力撼動中美關係。2017年4月16日北韓在太陽節公布了ICBM（Intercontinental Ballistic Missile，洲際導彈）等軍事武器，向國際社會宣示其攻擊能力、加強叫囂量能，而美國也不甘示弱，派遣喀爾文森航空母艦（USS Carl Vinson）於當日朝向朝鮮半島航去。然而究其中的行為者能力和結果論來看，美國與北韓之間沒有最優解，因為美國不會輸最多、而北韓也不會贏最多，突顯中國置於其中折衝的重要地位。鄰近中國的北韓，一旦真的發射導彈或進行核子試爆，首先面對重大損失的不是南韓就是中國，故中韓都不樂見核子試爆。若是東北亞真的爆發戰爭，第一個可能是因為北韓大浦洞2號導彈（Taepodong-2）的射程，美國與中國的考慮不同，思索的不是北韓製造核武的能力，而是發射飛彈距離的能力。若是北韓導彈可直搗美國本土，美國會協同南韓考慮出兵。第二個就是北韓內政不穩定，導致金正恩政權不得不發射飛彈。

三、囚徒困境：中日的敏感性外交

　　鑲嵌於東北亞強權交鋒最難解的莫過於中日關係，鮮少出現中日同時採取合作或背叛的方式，此方式僅出現在雙方國力有落差之際。日本長期以來選擇跟隨美國發展的外交路線，但日本畢竟不是霸權國，其國力也逐漸與中國拉開距離。中日作爲區域強國，在權力式微與過度的時期，其互動往往呈現的是一種敏感性外交。中日關係與中美不同，雙方不是合作且競爭的關係，而是衝突且競爭的關係。2017年1月安倍造訪菲律賓、澳洲、印尼、越南四國，1月16日安倍在越南的記者會上表示，中國派出遼寧號進出西太平洋和日本周遭海域是有危害區域秩序，強調中國必須遵守國際法，而日本與四國的領導者也同意維持該區域的和平和繁榮。[13]

　　4月14日中國外交部長王毅在北京與法國外長艾侯會談，表示對美國與北韓的針鋒相對、劍拔弩張值得高度關注和警惕，同時也認爲若爆發戰爭是沒有任何贏家的。[14]4月15日日本的岸田文雄外相表示，日本會針對北韓問題做好萬全準備。[15]作爲同屬東北亞安保共同體的一員，日本持續採取隨美路線，繼南韓之後日本也將布署薩德系統等。從上述中日外交部長對待北韓問題，即可明顯觀察出日本採取強硬態度，而中國採取折衝方式，中日的互動呈現的是囚徒困境局面。

---

[13] NHK Web News，2017年1月16日，〈安倍首相 中国を念頭「地域の平和と繁栄へ主導の役割」〉，http://www3.nhk.or.jp/news/html/20170116/k10010841811000.html。

[14] 風傳媒，2017年4月15日，〈東北亞衝突一觸即發 中國如何看待？外長王毅：生戰生亂者必須承擔歷史責任、付出相應代價〉，https://tw.news.yahoo.com/%E6%9D%B1%E5%8C%97%E4%BA%9E%E8%A1%9D%E7%AA%81-%E8%A7%B8%E5%8D%B3%E7%99%BC-%E4%B8%AD%E5%9C%8B%E5%A6%82%E4%BD%95%E7%9C%8B%E5%BE%85-%E5%A4%96%E9%95%B7%E7%8E%8B%E6%AF%85-%E7%94%9F%E6%88%B0%E7%94%9F%E4%BA%82%E8%80%85%E5%BF%85%E9%A0%88%E6%89%BF%E6%93%94%E6%AD%B7%E5%8F%B2%E8%B2%AC%E4%BB%BB-%E4%BB%98%E5%87%BA%E7%9B%B8%E6%87%89%E4%BB%A3%E5%83%B9-042700740.html。

[15] 時事通信，2017年4月15日，〈政府、北朝鮮挑発に厳戒態勢＝岸田外相「万全の備え」〉，https://headlines.yahoo.co.jp/hl?a=20170415-00000020-jij-pol。

四、合作賽局：強化美日同盟

（一）美國歐巴馬總統任內（2009年1月至2017年1月）

　　在國家新安保觀的運作下伴隨全球化潮流，不僅是經濟全球化的全面覆蓋，也影響到軍事安保方面。因為數位化帶動RMA（Revolution of Military Affairs）的發展進程。冷戰時期美國以核武和美元撐起自由圈的保護傘，後冷戰的美國更是加上資訊領導的前鋒，藤岡惇稱之為「宇宙—情報霸權國家」。RMA是與宇宙情報通信衛星結合的精密誘導技術發展，是導彈攻擊高命中型的種類，也是美國以此非對稱性的高軍事能力在戰場上能夠具有絕對性和壓倒性的優勝能力。[16]為求美日的緊密合作，2013年日本的防衛大綱將重點從上階段增加潛艦、周邊海空早期警戒監視，轉換為ISR（Intelligence, Surveillance and Reconnaissance）、太空、網路安全等戰略發展，[17]說明美日的合作已經擴及至情報和資訊面向上。但由於美國財政惡化，十年內國防預算將下降到4,870億，2013年3月其國防預算削減了50兆日圓，未來也有可能繼續削減50兆日圓，美日同盟關係還需觀察美國財政才可得知日本自衛隊是否可承接美軍在亞太的權力。

　　延續2014年安倍積極和平主義推動日本的《國家安全保障基本法》、強化與美國同盟關係，以及加強日本防空識別區（Japan Air Defense Identification Zone, JADIZ）的管轄等。不僅以美日同盟的雙邊主義為主軸，更是在地球儀外交之下朝向多邊主義發展，即以美日安保和美日防衛指針的修正，2015年初自民黨於國會提出允許參與集體自衛等相關的安保法案，著手推動國家安保基本法制。2015年2月爆發伊斯蘭國綁架日本人事件後，安倍訪問中東四國埃及、以色列、約旦、巴勒斯坦等，但

---

16 藤岡惇，2004，《グローバリゼーションと戦争》，東京：大月書店。二宮厚美，2009，《新自由主義の破局と決着—格差社会から21世紀恐慌へ》，東京：新日本出版社，頁156-157。
17 郭育仁，2015年11月12日，〈日本的戰略憂慮：新安保法與安倍主義〉，《臺北論壇》，http://140.119.184.164/view_pdf/252.pdf，頁3。

安倍高調談及人道救援、自衛隊行動等，引發伊斯蘭國對日的不滿。面臨英法美等人質被殺害，安倍依舊宣揚安倍積極和平主義，堅持到中東讓世界各國信賴日本，受到外務省反對。甚至捐獻2億美元給反ISIS的中東國家，宣揚日本的人道救援等，刺激恐怖主義分子。

面臨全球恐怖分子蠻行，2015年5月安倍造訪美國歐巴馬總統，具體成果有美日高峰會議、發表美日共同願景、美國參眾議院共同演講、美日防衛新指針等。對於美日共同願景，安倍提出四重點：第一，基於安倍積極和平主義呈現日本國際協調主義，以及美國重返亞太戰略的重要性。第二，透過TPP促進貿易、投資、開發合作以及網路治理等。第三，新美日防衛指針，在亞太和跨區域時美日兩國對應海洋安保等事項上，必須採取緊密結合的型態，並希冀有其他國家能夠加入合作。第四，追求無核武的和平和世界安全，強化核武不擴散條約體制（Treaty on the Non-Proliferation of Nuclear Weapons, NPT）。[18]

同時安倍在美國參眾議院進行共同演講，題目是「希望的同盟」，內容談及TPP、成為強大的日本、改革之路，充滿了安倍個人領導風格，也訴求戰後世界和平和目前日本選擇的道路。因此安倍的積極和平主義和區域同盟國家的任務等，都必須以美日同盟和日本能夠參與集體自衛為重。[19]

美日防衛新指針方面，由於2014年7月1日日本內閣決議為進行安保法制的立法準備、設置國家安全保障會議、防衛裝備移轉三原則、《特定秘密保護法》、《網路安全基本法》（日文：サイバーセキュリティ基本法）、新「宇宙基本計畫」，以及開發協力大綱等，美日之間進行了美日防衛新指針的更新、區域和國際合作關係，以及駐日美軍的重編等。2015年

---

[18] 日本自民黨，2015年4月28日，〈日米共同ビジョン声明〉，https://www.jimin.jp/news/prioritythemes/diplomacy/127642.html。

[19] 日本自民黨，2015年4月29日，〈米国連邦議会上下両院会議における安倍総理大臣演説「希望の同盟へ」〉，https://www.jimin.jp/news/prioritythemes/diplomacy/127642.html。

上路的美日防衛新指針重點在於兩國間的安保和防衛合作，包括提高核武、平時戰力、導彈防衛能力（Ballistic Missile Defense, BMD）、美日宇宙協議、美日網路防衛政策作業部會、情資蒐集、強化警戒監視和偵察能力（Intelligence, Surveillance and Reconnaissance, ISR）、區域中F-35戰機的整備和修理、日本全方位的能力提升等，確認強化美日之間在情資保全合作的重要性。而且未來將以美日兩國的合作框架為基礎，擴大適用到第三國。[20]

　　就整體安倍訪問美國之意涵與影響，具體有四：(1)美日新防衛指針。安倍於2015年4月26日起為期八天的訪美行程，也是首度在美國參眾議院進行發表演講者，日本媒體給予高度肯定。呼籲日本國民持續支持自民黨政權，再度強調美日同盟的重要性。美國希望日本持續在亞太地區發揮影響力，避免中美的直接衝突。同時強調安倍個人領導風格以及提高其在國際社會的地位；(2)區域和全球性合作關係。在美日新防衛指針和同盟關係之下，可以遵照日本法律進行維和活動、海洋安保以及後方支援等國際安保的對應等，對國際社會進行更多的貢獻；(3)新戰略合作關係。由於世界日新月異，因此需要有可隨時對應的同盟關係，在美日新防衛指針上兩國針對宇宙和網路空間，產生跨領域且有影響力的活動，故需要建構合作的基本框架，也是非常具有領導性的美日宇宙協議，因為美國的資訊統合能力高於他國，美日之間在宇宙和網路中攜手合作，可以以先端技術成為壓倒性情報；(4)人道支援和災害救助方面。美日新防衛指針可用於日本及世界各地遇到大規模災害時的合作，為提高實效性，必須明示美日兩國的合作方式。故強而有力的兩國合作基盤，包含防衛裝備、技術協力、情資合作、情報保全及教育、研究交流等，都是美日兩國間積極合作且有貢獻之活動。

---

[20] 日本自民黨，2015年4月27日，〈日米安全保障協議委員会共同発表 変化する安全保障環境のためのより力強い同盟 新たな日米防衛協力のための指針〉，https://www.jimin.jp/news/prioritythemes/diplomacy/127642.html。

2015年另一個備受注目的就是安倍發表戰後七十年談話，內容雖然談及日本對於戰爭的反省，但日本做爲堅持自由、民主、人權的守護者，必須與有此共同價值觀者，發揮積極和平主義以追求世界的和平與繁榮。[21]但是日本前首相村山富市批評安倍僅沿用之前內閣的發表談話，實質上並未談到歷史問題、慰安婦、侵略戰爭等，故意以曖昧內容敷衍對戰後反省的態度，而美國則再度確認安倍是否沿用以往精神，因爲美國也在觀察安倍的訪美是否是藉以壓制中國和韓國對其批評。

相較於此，2015年9月日本通過《和平安全法制整備法案》等共十條法律，當中強化美日同盟的相關法案有《武力攻擊暨存立危機事態法》、《美軍等行動關聯措施法》、《特定公共設施使用法》、《海上輸送規制法》、《捕虜處理法》。[22]在隨後的2015年〈美日防衛合作指針〉，即可顯見美日同盟在結構上的一大調整，都可看出安倍試圖強化美日同盟以對抗區域的中國強權。[23]

（二）美國川普總統任內（2017年1月至今）

不過安倍外交戰略的失算在於2016年11月當選的美國川普總統。川普不但祭出不確定美國的一中原則，也推翻歐巴馬政權的TPP政策，狠狠賞了日本在區域經濟合作上的一個大耳光。川普在國際、外交、經貿等的不確定提高當下，日本又得積極轉變其外交方針，以應變隨時在改變的美國路線。2016年底安倍的外交重心置於日俄關係、拜訪夏威夷，以及川普政權的上台等。12月15至16日俄羅斯普丁（Putin）總統與安倍在故鄉山口會面，雖然安倍想討論日本北方四島歸還問題，但普丁輕描淡寫，只願意就日俄雙方的經貿合作關係（joint Japan-Russia economic activities）進行

---

[21] 日本首相官邸，2015年8月14日，〈內閣總理大臣談話〉，http://www.kantei.go.jp/jp/97_abe/discource/20150814danwa.html。

[22] 鄭子眞，〈日本新安保法的兩面性：顯性自衛、隱性侵略〉，頁1。

[23] 郭育仁，2015年11月12日，〈日本的戰略憂慮：新安保法與安倍主義〉，《臺北論壇》，http://140.119.184.164/view_pdf/252.pdf，頁4。

討論。頂多在北方四島設立經濟特區（Special Economic Zone），或者讓當地日本人可以免簽證前往北方四島進行經濟活動。甚或日俄首腦的會面或是安倍造訪夏威夷，都可看出安倍試圖轉換戰後國際體制，將日本轉向全球性的大國發展。[24]因為截至目前為止，日俄之間並未簽訂任何和平條約（僅於1956年簽訂日俄共同宣言、恢復邦交），而安倍也是戰後第一位造訪夏威夷的日本首相。[25]

　　川普在2017年1月20日正式上台前，也因為發表美國不一定要遵守一中原則、個人與台灣蔡英文總統的電話會談等，都引發中國的不滿。川普政權上台後安倍旋即造訪美國，針對美日間的普天間基地、邊古野基地、釣魚台治理等都獲得川普的保證，且釣魚台的安全適用美日安保條約第5條，因此安倍藉由經濟誘因獲得美國對日的安保保證。就安倍提出的經濟合作草案內容來看，主要有擴大投資和創造就業。安倍指的美日安保或合作不僅有中國和北韓，甚至包含東南海和印度洋等廣大範圍，對具有商人性格的川普而言也明確採取雙邊主義或單邊主義來說，出現兩種可能，一是要求日本對美軍做出更多貢獻，二是無視日本的安保要求，而是採取在區域上單一議題的對應。美日的經濟合作草案對大陸的影響，可從兩方面論之。第一，中國提不出比日本更具誘因時，川普會維持與日本合作，但會要求比以往更多的日本貢獻。日本有可能犧牲海外日本企業的部分利益，以求美軍在亞洲勢力的維持。第二，若是中國提出比日本更具誘因的合作，則美國可能捨棄日本的建議，川普將視情況採取單一議題的對應。

　　除了川普的不確定性之外，日益升溫的北韓問題也考驗日本自衛隊的能力和美日同盟。北韓核武和導彈能力提升，導致傳統的抑制力是否足夠對應威脅加大的攻擊和侵略，成為東北亞熱門議題。抑制力係指事前防備

---

[24] Kuni Miyake, Ken Jimbo and Yuki Tatsumi, 2017, "Views from Tokyo and Washington, D.C.", Special Year-End edition as of December 28, 2016. *East Asia Security Quarterly*, January 1, pp. 1-4.

[25] BBC News Japan，2016年12月15日，〈日ロ平和条約を阻む島々〉，http://www.bbc.com/japanese/38325342。

敵人欲採取攻擊的行動與作用，雖有各種形式，但更進一步要顯示給敵人的可能性報復之「懲罰性抑制」，則必須保持敵人難以負荷的報復能力、明示敵人報復意思，以及敵人明確得知前述事項。換言之，要讓北韓知道美日的抑制力，就必須展示美日韓三國的平時戰力和核武能力，以抑制北韓想隨時挑釁戰爭的想法。另一方面，北韓必大力宣傳自己的核武、導彈能力，以及局部性的戰鬥能力等，藉此阻止美國介入東北亞穩定。2017年5月19日美國國防部長馬提斯（Mattis）表示，若是要以軍事方式解決北韓問題，則將有可能出現無法置信的悲劇產生。無論北韓或美國，其實都認知到雙方的軍事能力，是具有足夠的抑制能力避免擦槍走火的戰事爆發。然而一旦北韓確定美韓的抑制能力程度，也可能選擇局部性中小型的軍事行為。又或者北韓成功開發對美本土涉及洲際導彈系統的話，日韓是否可以持續在美國核武保護傘下運作都有待商榷。[26]

針對北韓核武，2017年6月自民黨安全保障調查會決議「次期中期防衛力整備計畫」（簡稱中期防）的中間報告，主張日益升高的區域危機當中，日本應該盡速檢討自我的反擊能力。由於日本基本防衛方針係被動的專守防衛，歷經冷戰結束和國際環境的快速變化，日本可以自我保衛的解釋愈來愈廣義。但礙於和平憲法，實際上的攻擊能力仍有賴於美日同盟框架下美軍的能力。當自民黨提出自我反擊能力，表明更加敦促日本應該具有積極的反擊能力，然此點在日本防衛政策中的定義、戰略上的合理性和危險性，以及裝備等體制都是與日本的防衛預算相關，在日本國內並未廣泛探討。[27]

尤以反擊能力的戰略合理性的可能有三：一是在導彈發射前階段將敵人的導彈能力摧毀。然而北韓配屬有許多的移動式發射台，隱密性高且發

---

[26] 神保謙，2017年5月31日，〈抑止力成立の3条件－報復能力・意思と相手の理解－〉，GIGS，http://www.canon-igs.org/column/security/20170531_4353.html。

[27] 神保謙，2017年8月2日，〈敵基地反擊能力－弾道ミサイルへの対抗策〉，GIGS，http://www.canon-igs.org/column/security/20170802_4428.html。

射方式多樣化的情況下，要依靠日本固定的巡航來打擊是有限的；二是整頓好導彈攻擊的報復能力，追求自我防衛的抑制力。因此必須具有敵人難以負荷的攻擊能力，但此點對日本的專守防衛又完全不符合；三是以有限的反擊能力和導彈防衛組合，力求最小程度的被攻擊狀況。故以有限的攻擊能力是可降低發射而來的導彈總數，提高導彈防衛迎擊的信賴度，且以提高綜合性的導彈對應能力為目的。為此，基於日本防衛政策的基本理念和預算限制下，理應選擇第三個合理性。係以被攻擊的情況下，日本必須仰賴美韓軍隊且由自衛隊進行協助性的支援等，故日本必須強化更緊密的美日同盟和美日韓的合作關係。[28]

參、小結

在國際政治經濟學的發酵之下，安倍的地球儀外交透過串連起同盟國家的關係，以及開創有利日本行走國際社會的天下。安倍無疑是日本有史以來造訪外國最多次的首相，面對國際間大國權力移轉過程中設定的軍事大國和全球競爭大國目標之下，第二次安倍內閣喊出的口號是鑽石防衛網和對中包圍網。鑽石防衛網是日本結合美國夏威夷、澳洲、印度形成堅固的安保策略，藉以防堵中國成為海權國家。故所謂的對中包圍網，安倍採取增強軍事力、強化美日同盟，以及與中國周遭國家相互合作。然第二次安倍內閣第二次組閣外交重點轉移，起因於北韓威脅和區域穩定。本章節藉由博奕理論的概念分析中美的獵鹿賽局、兩韓的膽小鬼賽局、中日敏感性外交的囚徒困境，以及強化美日同盟的合作關係。

在安倍政權強化美日同盟的合作關係方面，可區分歐巴馬總統和川普總統任內的差異性。前者任內安倍積極與美國進行情報資訊的交流，以及彼此在宇宙、衛星等先端性科技的合作。在美國試圖移轉亞太權力至

---

28 同上。

日本自衛隊角色時，全球性恐怖主義的興起，讓安倍積極於2015年5月訪美，具體成果落實美日新防衛指針、區域和全球性合作關係、新戰略合作關係、人道支援和災害救助等。然而川普總統上任後局勢迴變，在川普重商主義的思維下成為安倍外交策略上的變數。首先，川普否定了TPP的簽署，爾後又與習近平熱線，讓安倍無論在政治上或經濟上都面臨打臉的狀況。加上北韓問題日益嚴重，日本延續以往與俄羅斯討論的北方四島領土問題之外，也希冀藉由俄羅斯北方的力量來抑制因北韓惡化的東北亞秩序。安倍內閣的對外政策，在祭出「危機突破內閣」口號下採取強化美日同盟，藉以對抗中國與北韓的聯盟，卻隱藏著包含美日同盟關係的浮動和日俄的經濟合作關係等。

　　2012年底起在安倍政權強勢領導之下，日本政治也邁入嶄新的一頁。跳脫傳統自民黨長期執政、派閥政治等概念，本章節主要探討安倍政權和自民黨的支持率、在野黨的分與合、一黨優位的變化與政商關係等。安倍政權作為迥異於自民黨其他的領導者，安倍政權時期的內閣支持率是否等同於自民黨的支持率。若是，則自民黨必須鞏固安倍政權以避免失去政權；若不是，則自民黨呈現中央強勢領導而黨內弱化的樣態。而在自民黨與其他在野黨對抗的當下，影響政權當選與否的是累積二十多年來新中間選民層的結構。除了自民黨本身的轉變之外，日本在野黨的分與合方面，觀察自民黨的主要對手政黨，如社民黨、民進黨、維新之會等，探討日本是否呈現穩健的多黨制運作。最後分析在自民黨一黨優位的變化下，鑲嵌於其中的政商關係如何連接鞏固新型鐵三角關係。

壹、安倍政權和自民黨的支持率

　　此部分探討2012年底起安倍內閣的支持率、自民黨的支持率，以及新中間選民層的擴大來分析實際狀況。

一、安倍內閣的支持率

　　戰後日本自民黨執政方針多數採取凱因斯政策，以擴大公共建設獲得保守層的支持。然1980年代起在小政府和新自由主義路線施行後，日本執政方針由需求導向轉向成本考量、重視貨幣政策、從財政考量轉變成以金

融政策爲主。[1]另一方面，2005年自民黨提出的新憲法草案中，提及修正第9條以求戰爭國家化、第92條以下地方自治條項之全文修改的脫福祉國家化（國家分權化）等，都可觀察出日本企圖展現出迥異於以往的國家發展。與全球化結合的新自由主義，衝擊日本國家基本架構的即是憲法第9條和第25條之和平福祉國家基礎。安倍欲推動的全球化大國發展，在國內必須從以往的土建政治轉變成軍事大國，兩者之間的連結在於大政府的存在，而軍事大國更是守護經濟發展不可或缺的重要手段。[2]

故支持安倍政權的三大支柱分別有：第一支柱是安倍的終極目標：修憲之軍事大國化。第二支柱是新自由主義改革。第三支柱是教育改革。安倍結合軍事大國和全球競爭大國的口號，其催化劑就是訴諸民族主義和愛國主義，讓日本成爲普通的正常國家，但是如何連接起戰前輝煌歷史和現今日本發展，安倍不得不重視其連續性。因此可觀察到安倍不斷地美化和修正戰前大日本帝國的行動，呼籲亞洲各國不要沉澱於過去的大東亞共榮圈，而是攜手邁進共創亞太的美好。同時安倍爲了讓國家大國化和正常化，一方面必須提出符合全球化世界的意識形態，同時卻也必須使用大日本帝國時期的一些正常化證據。手段有二：一是擁護自國多國籍企業的利益做爲國家利益，因此安倍的日圓大幅貶值、量化寬鬆等，就是幫助大企業於全世界的利益，爾後再回饋給母國，故安倍維持了傳統的民主主義和以往思維。二是任何企業都需要強大國家的支持，國家力量是企業競爭力的重要支柱之一，也是幫忙開創新興市場的利器。綜觀安倍內閣的地球儀外交施行之下，對非洲、緬甸、越南、印度、菲律賓等國的經濟支援等，都是幫助日本大企業前進海外市場的擔保。[3]

然而安倍內閣是否受到日本民眾的支持，觀察NHK放送文化研究調

1　二宮厚美，2009，《新自由主義の破局と決着—格差社会から21世紀恐慌へ》，東京：新日本出版社，頁168-182。

2　同上，頁150-162。

3　渡辺治、岡田知弘、後藤道夫、二宮厚美，《〈大国〉への執念 安倍政権と日本の危機》，頁15-16。

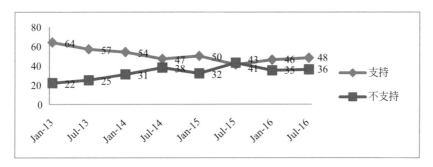

圖6-1　2013至2016年安倍內閣的支持與不支持率

*作者自行整理。

*資料來源：NHK放送文化研究所，2016年10月25日，〈〔最新〕安倍內閣の支持率の推移〉，
　　http://factboxglobal.com/abe-poll/。

　　查2012年底安倍內閣上任後的支持率，可發現相較於2006年僅維持一年政權的安倍內閣，在第二次上台後其支持率大多維持在50%上下。[4]2013至2014年支持率高的原因有貶低日圓促進國際競爭力、股市高漲、改善勞工就業情況、確定2020年東京奧運召開等。但下跌原因有2013年12月成立《特定秘密保護法》，以及2014年10月部分內閣成員因為政治獻金等醜聞辭職等，導致安倍內閣不支持率增加（見圖6-1）。

　　進一步分析重挫安倍內閣支持率的主因是，2014年7月1日日本政府強行通過可在內閣會議決定行使集體自衛權，在7月11至13日的民調結果只得到47%支持率，是第二次安倍內閣上台以來最低的。第三次安倍內閣成立後，從表6-1可見2014年9月成立前後的支持率來看也沒有太大變化。安倍的積極有所為雖然有不少民眾支持，然而夾雜在傳統保守支持派之下，安倍政權作為突破和解釋現有的政治行為，首要面對挑戰的就是傳統保守派的反對。因此日本必須積極前往海外來稱讚帝國時期的美好年代，安倍一方面依照情況來表明日本戰前行為痛切的反省，同時卻也展開歷史竄改或是參拜靖國神社等矛盾行為。

4　NHK放送文化研究所，2016年10月25日，〈〔最新〕安倍內閣の支持率の推移〉，http://factboxglobal.com/abe-poll/。

表6-1　2014年9月第三次安倍內閣成立前後的支持率

	支持率			不支持率		支持・不支持以外	
	成立前	成立後	變動	成立前	成立後	成立前	成立後
日新聞	47	47	±0	34	32	19	21
讀賣新聞	51	64	+13	41	29	8	7
日經新聞	49	60	+11	36	26	15	14
共同通信	49.8	54.9	+5.1	39.1	29.0	11.1	16.1
朝日新聞	42	47	+5	35	30	23	23
NHK	51	58	+7	33	28	16	14

*成立前後的調查日期分別是：朝日新聞是9月6至7日、NHK是9月5至7日、其他是9月3至4日。
資料來源：每日新聞2014.9.6、朝日新聞2014.9.8、NHK放送文化研究所。
資料來源：社会実情データ図録，2017年1月16日，〈歷代內閣の內閣支持率推移〉，http://www2.ttcn.
　　　　　ne.jp/~honkawa/5236a.html。

　　緊接著，圖6-1顯示2015年7月10至12日調查結果，再度顯見安倍支持率下降到41%，主因在於反對《安保法》。從2015年5月以來無論是閣議行使日本的集體自衛權，或是推動新安保法制等，7至8月時不支持率高於支持，日本民眾強烈反對新安保法制。2016年4月開始發酵的安保法議題，當時安倍的支持率和不支持率分別為42%和39%，因為議題的逐漸冷卻讓安倍內閣的支持率回檔。同年5月美國歐巴馬總統造訪廣島，以及7月自民黨在參議院選舉大勝之下，安倍內閣持續維持其穩定的支持率。2017年1月16日JNN的民意調查結果，安倍晉三內閣的支持率為67%，不亞於初上台時的支持。支持安倍的最大理由在於對領導者和政策有所期待，也因為是自民黨執政，故支持率為38.7%，大幅領先民進黨的6.7%和共產黨的2.9%，卻仍是低於無政黨支持率的43.3%。[5]

　　安倍和小泉同為新自由主義推動者，但安倍有別於小泉內閣的方式有三：第一，重啟新自由主義的改革。橋本龍太郎內閣時期進行新自由主義

---

[5]　JNN世論調查，2017年1月16日，〈安倍內閣支持率は？〉，http://news.tbs.co.jp/newsi_sp/
　　yoron/backnumber/20170114/q1-1.html。

改革的結果，讓日本的大企業獲得龐大利潤，但也擴大貧富懸殊差距等社會問題。民主黨政權時期爲求改善上述問題，提出社會福祉主義國家的發展，可惜改革不夠力。因此安倍有鑑於前兩者所產生的問題，訴求改革且提振衰退的地方活力，由中央政府提撥財政手段以推動，即安倍經濟學的第二支箭：放寬規制、擴大財政、地方重生等。第二，國家更加積極支援日本的大企業，爲此政府必須製作新框架以強化大企業的全球競爭力、擴大技術協力、培養人才、市場整備、開拓大企業的國際市場等。第三，更強勢的官邸主導。[6]觀察圖6-2中21世紀日本歷代內閣支持率，安倍內閣的支持率似乎沒高過民主黨的各內閣，表現似乎也沒有小泉純一郎內閣最高支持率85%來得高。

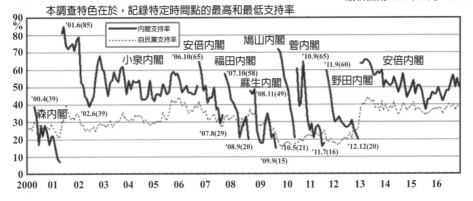

圖6-2　21世紀日本歷代內閣支持率

*括弧內爲支持率

*資料來源：社会実情データ図録，2017年1月16日，〈歷代內閣の內閣支持率推移〉，http://www2.ttcn. ne.jp/~honkawa/5236a.html。

6　渡辺治、岡田知弘、後藤道夫、二宮厚美，《〈大国〉への執念 安倍政権と日本の危機》，頁9-13。

2017年2月10日安倍造訪美國提及川普總統將於同年訪日，國會方面的重要課題則有承認天皇退位的立法準備等，外交內政等重大議題紛至而來，重要成果之一是美日同意以麻生太郎副首相兼財務大臣和彭斯（Pence）美國副總統為首，設立經濟對話框架。然而安倍的自民黨主席任期僅到2017年，眾議員身分任期到2018年12月為止。[7]為此，2017年自民黨修改黨綱，讓黨主席可以連任三屆，故預計安倍可持續執政到2021年。如此一來，安倍政權不僅可跨越過2020年的東京奧運，甚至安倍也喊出欲在2020年達成修憲目標。

安倍首相於2017年5月表示將於2020年達成日本的修憲目標，可謂安倍政權的最後一里路。對於從未修憲過的日本而言，除了是政治上一大浩瀚工程之外，外部環境尚有因為日益險峻的北韓問題等恫嚇日本民眾的基本生存，故安倍修憲的重點圍繞著日本安保、自衛隊、集體防衛等內容。這些都考驗著安倍政權的運作，相對性地牽動日本政黨政治的發展，加上8月剛改組完的安倍內閣人事異動等，多方論調認為安倍政權的核心變動不大。在此，本文希冀藉由觀察改組後的安倍內閣為契機，探討日本執政黨內部的變動與政黨政治的發展，有助於瞭解日本內政動向以及延伸的外交可能與日本的國家發展和周遭的東北亞局勢對應。

因此就安倍內閣上台以來，日本以「安倍一強」來說明安倍的強勢政權帶領日本政治發展，除了自民黨修改黨章讓安倍可持續擔任第三次主席之外，安倍也是少數排名第六長壽的內閣。[8]顯見日本政治當中也出現有總統制化的現象，然而觀察2017年8月安倍內閣進行第三次改組，改組的原因在於洗刷安倍之前因為森友學園事件、加計學園獸醫學部設置等負面醜聞影響。改組過後的特色在於任用了親中派的河野太郎為外務大臣、岸

7　時事通信，2017年2月14日，〈外交日程、解散戦略に影響も＝トランプ氏来日前は困難の見方〉，http://headlines.yahoo.co.jp/hl?a=20170214-00000010-jij-pol。

8　日本經濟新聞，2017年4月3日，〈「安倍1強」まだ続く？ 3選で悲願の改憲めざす〉，https://style.nikkei.com/article/DGXKZO14824340T00C17A4EAC001?channel=DF180320167063。

田文雄爲自民黨政調會長，以及麻生太郎續任爲副首相和財務大臣、菅義偉擔任官房長官、世耕弘成擔任經濟產業大臣、吉野正芳擔任復興大臣、石井啓一擔任國土交通大臣。自民黨內部也讓具有鷹派色彩的高村正彥副主席和親中的二階俊博幹事長留任。簡言之，圍繞安倍政權的核心人物並未改變太多，安倍依舊掌握權力核心，並未在內閣人事異動上做了太大變動。但是在對外方面任用了許多親中派人士，並且讓岸田文雄擔任政調會長，意即在決策權上讓自民黨重要派閥人物轉調至黨內，美其名是派閥均衡，實質上卻是用以排除來自黨內潛在性的對抗勢力。

二、自民黨的支持率（2012至2017年）

以往自民黨的長期執政倚靠內部派閥政治運作，讓黨內勢力均衡並在地方上分配利益，形成一個既得利權結構運作以穩固政權和支持基層。但是選制改變後衝擊派閥政治的框架，因此派閥喪失其資金、選票、領導力等。部分日本專家認爲後小泉時代安倍晉三、福田康夫、麻生太郎傳承自民黨五五年體制的運作方式。即使如此，政黨公約的選舉方式操作以來，讓自民黨的派閥不如以往亮眼，而政黨更加重視政黨領導人的角色。[9]

加上全球化因素，日本的行政單位受到民主化、國際化、輿論的強化等，在整體資訊公開化的狀態下自民黨是無法像以往持續封閉型的政治操作。[10]從1994年起的政治改革、2001年的行政改革，一直延續到2009年的政黨輪替等，自民黨已經無法鞏固傳統的鐵三角關係，也無法持續使用行政裁量或族議員等建構利益誘導型政治。換言之，日本政治的既得利權結構之不透明決策過程和國家預算分配的豬肉桶政治（政治分贓），被導向更透明的發展，也讓政治如同經濟市場般被導入競爭原理。結果造成日本政黨出現個人政治家領導的小黨紛立，無政黨支持者的選民增加，以及政

9　Ellis S. Krauss & Robert J. Pekkanen, 2011, *The Rise and Fall of Japan's LDP*, US: Cornell University Press, pp. 138-139.
10　牧原出，2013，《権力移行》，NHK出版，東京：頁98-100。

黨使用政黨公約作爲誘導選民的投票。選舉成爲政黨操作民主的工具，而非以往社會各利益的代表，喪失傳統民主主義的內涵。[11]

　　因此就自民黨的支持率來看，圖6-3表示第二次安倍內閣上台後自民黨的支持率約維持在40%左右，作爲自民黨最大敵手的民主黨卻下滑到5-10%的支持率。自民黨雖然依舊維持第一大黨，卻也說明小黨紛立、鐘擺效應、第三小黨的極限之特徵。首先，小黨紛立方面，雖然日本因爲選制改變爲小選區兼比例代表制的並立制而出現眾多小黨，在2012年12月眾院大選過後日本政黨數量高達12個，是戰後有史以來最多的。日本多黨化的契機來自於反對消費稅增稅而離開民主黨的小澤一郎，2012年7月11日成立「國民生活第一」（日文：国民の生活が第一）黨。同年9月18日橋下徹大阪市長率領大阪維新之會（日文：大阪維新の会）之成員，成立「日本維新之會」（日文：日本維新の会）。爾後11月13日「Tachiagare日本政黨」（日文：たちあがれ日本）以當時東京都知事石原愼太郎爲代表，先是更名爲「太陽黨」（日文：太陽の党），四天後與日本維新之會合併後解散太陽黨。又或者同年11月22日名古屋市長河村隆（日文：河村たかし）名古屋市長是「減稅日本」政黨主席，與前國民新黨主席龜井靜香共識下合併爲「減稅日本・反TPP・實現反核政黨」（日文：減税日本・反TPP・脱原発を実現する党）。另一個也訴諸反核的「日本未來黨」（日文：日本未来の党）也在滋賀縣知事嘉田由紀子主席之下，11月28日與「國民生活第一」和「減稅日本・反TPP・實現反核政黨」合併。

　　其次，鐘擺效應方面，小黨紛立帶來的問題尚有小黨生存不易。即使勉強在競爭激烈的政黨環境中存留，也至多僅有公明黨和共產黨在比例代表制下存活。因爲選制改變而被淘汰出局的社會黨，在更名爲社民黨後，2012年大選明顯呈現中道左派勢力的式微，完全不敵民主黨和其他小黨。甚至多黨化結果讓小選區出現鐘擺效應，選民集中投票給自民黨和民主

---

[11] 藥師寺克行，2014，《現代日本政治史》，東京：有斐閣，頁300。

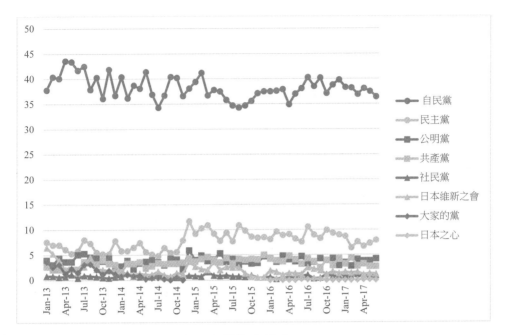

圖6-3　2013至2017年日本主要政黨的支持率
*資料來源：NHK放送文化研究所，2017年6月12日，〈政治意識月例調查2017年〉，http://www.nhk.or.jp/bunken/research/yoron/political/2017.html。

黨。如2012年眾院選舉自民黨在小選區的得票率是43%，但卻得到237席次（總席次爲300席），當選比率高達79%，是小選區制實施以來自民黨獲得最高的當選比率。最後則是第三小黨的極限。如前所述，即使諸如橋下徹等地方政治勢力的興起，讓日本維新之會在2012年獲得54個席次，成爲眾議院第三大黨。但面對超大的自民黨，第三小黨整體若無獲得100個席次，依舊無法在國會的決策過程中展現其影響力，而成爲代表民意的管道。

三、新中間選民層的擴大

　　觀察自民黨的支持率日漸下滑，主因在於日本社會從以往的中流社

會轉變爲格差社會，從圖6-4爲日本讀賣新聞進行的民調結果觀察1960至1990年支持執政的自民黨、第一大在野黨的社會黨，以及無政黨認同者的比率變化。如圖所示，無政黨認同者從1960年代後半期開始顯著增加，到了1970年代支持自民黨者才逐漸降低。到了1980年代更明顯觀察到自民黨支持者和無政黨認同者的差距減少。由於戰後日本在自民黨五五年體制之下，社會以七成人口構造比皆爲中產階級的發展，形成村上泰亮所說的「中間大衆」的出現；中間大衆歷經日本經濟高度成長時期，但是當日本經濟泡沫化後中間選民開始出現變化。[12]然而1990年代開始日本逐漸產生「格差社會」的變化，民衆的經濟力下降、失業率增加等，造成一批新中間選民的出現。相較於以往富裕且穩定的中間選民，新中間選民係指工作不穩定、經濟力弱，更無固定政黨認同者，只將選票投給能給短期利益的政治家或提出某政策者，甚或爲反對傳統資本階級者，訴諸怨氣的投票行爲者。

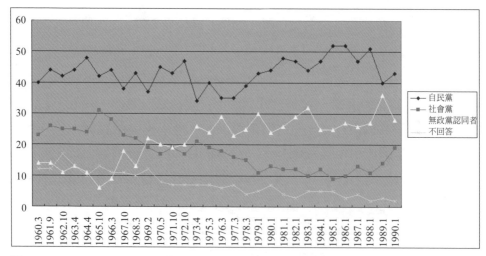

圖6-4　1960至1990年支持自民黨、社會黨、無政黨認同者的變化

*依據1960年至1990年讀賣新聞社的輿論調查，作者自行製作。鄭子眞，2010，《消費稅導入的政治過程》，日本大阪大學博士論文，頁186。

---

[12] 澁谷望，2008，〈ポスト總中流社会におけるナショナリズムのゆくえ〉，《和光大學現代人間学部紀要》，第1號，頁208。

圖6-5　1998至2017年日本無政黨認同者的比率變化

*資料來源：NHK放送文化研究所，2017年6月12日，〈政治意識月例調查2017年〉，http://www.nhk. or.jp/bunken/research/yoron/political/2017.html。

　　新中間選民係構成無政黨認同者的一部分，而2000年起無政黨認同者比率高達五六成，此狀況一直維持到2004年中期後，才有所下降到三四成。對照政黨政治發展來看，適逢自民黨與民主黨相抗衡的伯仲之間。2003至2005年日本共同通信社進行對無政黨認同者的調查，結果發現愈接近選舉期間，無政黨認同者的比率都高達約七成。換言之，無政黨認同者也成爲一穩定結構。[13]2009年衆院大選民主黨一舉得到308席次，也是歸功於無政黨認同者票源的發揮。[14]但是到了2011年民主黨菅直人政權時期，爆發311海嘯後無政黨認同者比率開始上升到四五成左右。直到2012年底第二次安倍政權上台後，無政黨認同者的比率才又下降到三成左右（見圖6-5）。

　　以往自民黨長期執政時建構的年功序列制之社會結構，選民是以社會關係和歸屬意識作爲支持政黨的優先考量。當自民黨失去一黨優位，而

[13] 松本正生，2006，〈無党派時代の終焉—政党支持の変容過程〉，《選舉研究》，第21號，頁44-45。

[14] 吉田徹，2016，《「野党」論何のためにあるのか》，東京：築摩書房，頁109。

社會黨和其他政黨也無法提出過半數以上的候選人時，出現選民「策略性投票」（日文：そのつど支持，contingent voter）的現象。2014年眾院大選自民黨大獲全勝，也取決此策略性投票的關鍵。因此即使安倍內閣提出《特定秘密保護法》、日本集體自衛權的參與、新安保制等事關日本國家重要政策之際，遭受到不少民眾反對，卻依舊可在選戰中獲勝，松本正生認爲是新中間選民的策略性投票發揮作用。然而從另一角度來看，由於不去投票的選民日益增加，話題性十足的安倍政策即使通過，政黨與地方上的關聯卻愈漸薄弱。[15]觀察2016年美國川普總統的當選、2017年法國總統競選時勒龐右派勢力的崛起等，皆可發現全球政治中充滿支持極右派的選民存在。[16]日本也不例外，安倍上台後採取眾多激烈的政策手段以求右派人士的支持，但是當政治和經濟過渡和自由化與全球化傾斜後，造成社會貧富懸殊和以往中產階級結構的瓦解，重建眞正的民主和價值才是解決之道。

　　無論是新中間選民、無政黨認同層的結構化、策略性投票等，堤英敬認爲無政黨認同者比起有特定政黨支持或是支持自民黨者來說學歷較高、居住時間較短，而且沒有參加特定團體，因此與政黨或議員接觸的機會也少。另一群無政黨認同者不關心政治、對政治不滿者投票率低，屬於政治改革派者。故日本的無政黨認同者的穩定度也低的情況下，任一政黨要奪取政權勢必重視無政黨認同者的動向或是選民的策略性投票等。[17]栗原彬從「操作的理性」觀點分析，認爲以往日本在工業化社會發展過程中，必須追求高效率和最低成本的支付，進行整體的管理。但當日本從「企業社會」逐漸解體發展到了後工業化社會，出現民眾理性的一面，進而出現市

---

[15] 神奈川新聞，2014年12月20日，〈安部政治を問う（16）「そのつど支持」加速政治学者・松本正生さん〉，http://www.kanaloco.jp/article/73038。

[16] 阿波羅新聞，2017年5月10日，〈野村辜朝明：爲何極右翼和「門外漢」能在全球政壇崛起〉，http://tw.aboluowang.com/2017/0510/927415.html。

[17] 堤英敬，2001，〈無党派層の認知的類型―異なるタイプの無党派層の政治意識と投票行動〉，《香川法学》，第20期第3、4卷，頁252-258。

民運動的參與等政治活動。民眾開始抗拒政黨的意識形態動員或組織化，領悟生活中自我的危機感等，產生了民眾理性。[18]

貳、在野黨的分與合

戰後日本的政黨政治在自民黨長期執政之下處於一黨優位制狀態，在野黨的存在相對薄弱，然1994年選制改變卻讓日本政黨政治轉向兩黨競爭的局勢。基本上，在野黨的功能有監督執政黨的施政、區分朝野爭論的議題立場、代表其他民意等。[19]在野黨代表了社會多元化的發展，如Dahl強調民主主義之多元化係相當重要，故包容在野黨的政策或民意等也是同等重要。在野黨也是一種對權力的檢驗和均衡，自民黨脫離一黨優位制後即使仍為第一大黨，但卻面臨激烈的政黨競爭，政黨組織在地方運作依舊薄弱。[20]

日本在野黨的重要性在小選區制下顯現，理論上依照杜瓦傑定律而成的兩黨政治在1996至2012年之間儼然成形，但是日本卻也出現一批宣稱重視市民角色的小黨崛起。豬口孝認為日本政黨最重視經濟、福祉和生活品質議題，其次是外交與社會團體。然自民黨內部左右派對政策的偏好亦不同。例如自民黨右派主張增強軍備、鞏固傳統道德、財政均衡與民族主義等，但左派則主張凱因斯經濟政策、教育改革、擴大福祉與減稅等政策。自民黨內部多元化主張促成整體政策的統括性質，包含右派主張外交、社會結構統治的主軸，和左派訴求經濟和福祉的政策重心。[21]若從興起的政黨公約重要性來看，可發現公明黨開始左派化，與執政的自民黨合作後卻

[18] 栗原彬，2001，テツオ・ナジタ、前田愛、神島二郎編，〈「民眾理性」の存在証明－市民運動・住民運動・ネットワーキングの精神史〉，《戰後日本の精神史》，東京：岩波書店。

[19] 吉田徹，《「野黨」論何のためにあるのか》，頁15-16。

[20] 野中尚人，2008，《自民黨政治の終わり》，東京：筑摩書房，頁115。

[21] 豬口孝，《現代日本政治の基層》，頁147。

逐漸偏向行政改革或教育政策。民主黨則是重視行政改革或社會團體的重要性，但在2014年大選後以中道右派逐漸傾向於「反市場經濟主義」。社民黨與共產黨雖然屬於左派勢力，但近年來也有朝向中立的方向移動。[22]

在野黨作為影子內閣的角色，有時其政策方向卻也跟執政黨相同。如安倍政權在推行違反和平憲法的新安保法之際，在野的民主黨也主張應該修憲。或者是2010年民主黨菅直人政權時期推動消費稅法案失敗，輪到自民黨執政之後也成功讓消費稅提高到8%。故此部分探討日本在野黨的狀況，主要有社民黨、民進黨、日本維新之會等，說明各政黨的政治理念和發展等。

一、社民黨（原社會黨）

五五年體制起社會黨成為自民黨的最大敵手，但最終沒有落實政黨輪替，甚至因為內部路線之爭導致政黨分裂，社會黨的失敗在成田知已於1964年提出的「成田三原則」。即社會黨日常政治活動弱化、議員特性，以及過度依賴工會等，導致社會黨在吸收黨員、選舉活動、政治資金、候選人推薦等都需要工會的協助。另一方面，1994年日本選制改變後，導致政治方面出現政黨重組和有別於以往的決策過程等。大嶽秀夫認為1990年代日本在野黨的狀況呈現三組勢力，分別是以小澤一郎為代表的新保守主義派、日本新黨和新黨先驅的市民派，以及社會黨改組而來的社民派。[23]

1996年日本社會黨更改黨名與黨綱，以社民黨名字重新出發。社會黨轉型成為社民黨的原因有四：一是和平主義和安保政策的脫正統化；二是勞工運動的變化；三是市民運動和社會民主主義；四是對應無黨派層的增

---

[22] 谷口尚子、Christian Winkler，2015年5月16日，〈世界の中の日本の政党－政党公約コーディングによる国際比較〉，熊本：日本選舉學會大會，頁10。
[23] 中井步，2002，〈「市民の政党」試論－現代日本の政党再編と社会民主党を中心に－〉，《人間科學》研究紀要，第1號，大阪樟蔭女子大學，頁179-184。

加。

　　和平主義和安保政策的脫正統化方面，後冷戰時期日本的安保環境
受到很大的變化，以往僅追求最低限度的防衛力已經不符合國家安全的要
求。爲此，重新出發的社民黨認同新保守主義派小澤一郎等積極國際貢獻
論，以及身爲經濟大國的日本也必須在維持國際秩序上支付些許成本，以
及後冷戰時期北韓核武、台海危機等，都迫使社民黨必須調整自己的安保
路線，如此才能夠吸引選民支持。[24]

　　勞工運動的變化方面，也因爲日本勞工運動出現重大變化，在於1989
年連合誕生後，該工會統籌長期分裂的公部門與私部門的勞工運動，以
及改由私部門工會主導勞工運動的態勢。鑑於以往都是以公部門爲主的總
評，作爲勞工運動的指導單位和支持社會黨的和平主義路線，連合出現後
日本總工會的立場改爲「產業民主主義戰略」。到了1990年代卻又因爲社
公民路線受到阻擾，又改採「政治民主主義戰略」。[25]

　　市民運動和社會民主主義方面，以往支持社會黨的民眾多數因爲政
治意識形態，然而市民本質的變化和連動的市民運動，在民眾理性發酵之
下，也擴展到資訊公開、第三部門、住民投票條例等與市民相關的議題。
社民黨結合強而有力的連合支持，訴諸強化與市民的聯繫關係，試圖建構
起與其他政黨不同的支持底盤。[26]

　　對應無黨派層的增加方面，1993年大選之際日本興起諸如日本新
黨、新生黨、新黨先驅等創立新政黨的風氣，甚至在1998年參院選舉時民

[24] 同上，頁187-192（179-194）。
[25] 篠田徹，1996，〈再び「ニワトリからアヒルへ」？〉，《年報政治学》，日本政治學會，
東京：岩波書店，頁129-149（129-149）。中井步，2002，〈「市民の政党」試論－現代日
本の政党再編と社会民主党を中心に－〉，《人間科學》研究紀要，第1號，大阪樟蔭女子
大學，頁189（179-194）。
[26] 村山富市，1998，《そうじゃのう》，東京：第三書館。辻本清美，1998，《永田町航海
記》，東京：第三書館。中井步，〈「市民の政党」試論－現代日本の政党再編と社会民主
党を中心に－〉，頁190-191。

主黨議席大增和自民黨敗北之下，都被標上是無黨派者支持而獲勝。[27]

　　然而因爲黨內路線之爭導致原先社會黨部分黨員移到民主黨，讓重新出發的社民黨面對黨員減少和支持的工會團體降低出現運作危機。擔任黨主席的土井多賀子訴諸「與市民的聯繫」（日文：市民との絆），與民主黨的「市民是主角」（日文：市民が主役）政治理念部分重疊，故兩黨在爭取支持者方面出現競爭。簡言之，社會黨轉型成爲社民黨的主因在於政黨環境的變化，與新興民主黨有其異同之處。首先，兩黨雖然都訴諸市民的認同，但社民黨認爲政黨必須擴大與市民的連帶關係，民主黨則是主張將市民置於政策中心；經濟和社會福祉方面，兩者雖然都提出重視弱勢團體和支援內容，但民主黨限於黨內保守派議員的關係，無法廣泛推廣社會民主主義，相對地，社民黨則是提出更明確的積極財政主義以落實社會福祉政見。[28]

　　又或者社民黨以社會民主主義爲政治理念，與小澤一郎提倡的大政府理念相同，但在外交上主張非武裝中立路線，跟小澤訴求的積極國際貢獻論有所不同。[29]爾後民主黨興起逐漸取代社民黨的最大在野黨地位，截至2009年之前在野黨們依舊無法落實政黨輪替，主因有日本實施議會內閣制的構造性因素和各黨政治理念相互重疊等。1994年以社會黨爲主成立的聯合內閣，已經承認自衛隊和美日安保的存在，2015年更是與共產黨等其他政黨聯手，訴諸「國民聯合政府構想」。社民黨即使更名和變動黨綱，卻因爲與其他在野黨的理念重疊，以及在政策上的搖擺，導致支持者離去，而喪失第一在野黨地位。

---

[27] 中井步，〈「市民の政党」試論─現代日本の政党再編と社会民主党を中心に─〉，頁191。
[28] 中井步，〈「市民の政党」試論─現代日本の政党再編と社会民主党を中心に─〉，頁192-193。
[29] 同上，頁179-182。

二、民進黨（原民主黨）

　　取代社會黨成為日本最大在野黨的民主黨，1996年從自民黨退黨的鳩山由紀夫成立「新黨先驅」（日文：さきがけ），與社民黨（舊社會黨）和新進黨合組勢力，與社會黨最大不同之處在於支持美日安保體制。[30]之後又吸收新進黨解黨的太陽黨，成為民主黨的雛形。自民黨的一黨優位或是日本政治五五年體制的瓦解，說明社會黨已從第一大在野黨退位，承接選制改變的因素，民主黨成為取代社會黨的最大在野黨。而由鳩山由紀夫、小澤一郎、羽田孜等分別成為自由主義和新保守主義的代表，用以對抗舊保守主義的自民黨理念。民主黨內部由來自不同黨派集結而成，其政治理念有也所異。為此，1997年民主黨曾以「政策建言型的建設性政黨」為目標，各派系最大共同點在於取得政權、實現政黨輪替。故1998年民主黨提出「我們的基本理念」（日文：私たちの基本理念），做為凌駕「市場萬能主義」和「福祉至上主義」的概念，主張自立的個人可以與社會共生，創造出「民主中道」的新道路。

　　2003年小澤一郎率領自由黨與民主黨結合，說明小澤褪去新保守主義色彩，融入鳩山領導具有自由主義路線的政治理念。民主黨規模的擴大是2003年與自由黨合併，進一步在2007年參院大選獲得60席次，加上現任非改選的49位議員，成為參院最大黨。比較不同時期最大在野黨民主黨和社會黨的差異，民主黨訴諸自由主義和以消費者立場出發，而社會黨是以工業社會運作並依附在工會勢力之上，兩者之間的支持者和政治理念有所不同。事實上，小泉內閣時期的民主黨在安保與外交政策上與自民黨主張非常接近，在社會經濟政策方面也支持執政黨的改革，是一個訴求兩黨政治下政黨輪替的策略操作。2009年眾院大選更是一舉奪下308席次，直接實現政黨輪替，然而考驗民主黨的卻是黨內不同派系的政治理念和價值觀

---

[30] 川村一義，2011，〈日本の政党制の変容と野党第一党の機能〉，GEMC Journal，第5卷，頁91。

等。[31]

換言之，當民主黨達到政黨輪替目標後，浮現的重要課題卻是政黨治理。另一個問題尚有每逢選舉之際民主黨疾呼的政黨公約（日文：マニフェスト）。日本的政黨公約內涵可區分兩類，一是制度性觀點，二是政黨公約與民主之關聯。[32]民主黨在2014年12月第47次眾院大選中採取政黨公約方式。由於政黨發表政黨公約後，一旦獲得執政則務必達成公約對選民承諾的事項。雖然政黨公約本身不具有法律的強制性，但是執政黨若是沒有達成公約時預定的政治項目，便會成為在野黨攻擊的題材。事實上，雖是由民主黨提倡的政黨公約競賽，但在PHP綜合研究所政黨公約檢證委員會（日文：PHP總合研究所マニフェスト検証委員会）調查中，發現從2004年到2007年5月參議院選舉的相關政黨公約，自民黨的達成度為22～43分，公明黨為19～36分（滿分為100分）。[33]

政黨公約的預期效果有明確現今政治的問題、提示可能會實施的政策、選民具有選擇政策的資格、可事後評價訴諸政黨公約而當選的政治人物或政黨執行等。因此政黨公約必須包含幾要素，具有政治理念和對往後執政的政策檢討能力、明定各政策的實施方法、期限、財源等指標，各政策依據所需的期限或財源等設定目標值，以及事後必須能夠評價各政策，讓即使並非專業人士的選民也可理解政策的實踐狀況。故政黨公約必須在選前公布並廣為選民得知。

但是政黨公約被批評無法迅速對應緊急事件和被制度束縛。因為民主黨模仿英國實施選舉時的選舉公約，卻忽略當執政後若不落實該公約引來選民的不滿和批評。如鳩山由紀夫因為處理不好美日的普天間基地問題，

---

[31] 吉田徹，《「野党」論何のためにあるのか》，頁96-99。

[32] 李世暉，2016，〈政權公約與日本民主治理的發展：以民主黨政權公約的運作為例〉，《民主與治理》，第3卷第1期，頁4。

[33] PHP總合研究所マニフェスト検証委員会，2007，《マニフェスト白書》，PHP總合研究所，頁32-34。

菅直人則是遇到311海嘯卻刻意隱瞞災情問題，以及野田佳彥欲提出提高消費稅法案，不得已宣布解散國會後失去政權。爾後黨內小澤一郎率領52位議員離黨，造成民主黨自創黨以來史無前例的最大分裂。[34]

2009年再度實現政黨輪替的民主黨政權上台，訴求的是政治主導和脫離官僚影響，雖然是以建立社會福祉主義國家為願景，卻也使用了新自由主義的手段。民主黨政權強化因為新自由主義傷害到的派遣或是失業者福利政策、再度著手地方構造改革、重建衰退的地方藉以結合地方與政黨的關係。具體措施有：解散政黨的政策調查會、地方陳情的一體化，藉以避免地方自治體及業界團體與政官的掛鉤。民主黨雖然在2009年擊敗自民黨實現政黨輪替，無奈理想過高和執政經驗不足，導致2016年3月民主黨合併維新之會，更名為民進黨。安倍內閣的高支持率，不是因為安倍具有特別好的領導者性格或是政策具有強烈的執行率，最大主因是民進黨的方針迷失，其政策無法成為日本選民的選項。

三、日本維新之會

以地方黑馬之姿出現的日本政治新勢力，是以大阪市長橋下徹為首率領的大阪維新之會。橋下在2008年當選大阪府知事後，其政治影響力是在府議會中誕生一股以「大阪維新之會」的政治新勢力，並在2010年4月正式成為政黨。大阪地方政治勢力的抬頭，讓地方政府的權限更加提高，卻也是一種強調政治強人的領導態勢。[35]2012年該政黨更名為「日本維新之會」，卻由於日本維新之會在與太陽黨合併後，出現政黨內部管理問題和不一致的政治目標，雙方在消費稅增稅和脫核政策上有歧見。其次，由於公明黨謹守和平憲法，與自民黨的修憲態度有所保留，反而出現讓日本維新之會接近自民黨的機會。日本維新之會試圖與自民黨攜手合作，在修

34 吉田徹，《「野党」論何のためにあるのか》，頁101-103。
35 待鳥聡史，2012年7月11日，〈橋下・維新の会、河村・減税日本国政での成功に立ちはだかる「制度的差異」〉，nippon.com，http://www.nippon.com/ja/in-depth/a01101/。

憲、安保政策、教育改革等出現新保守主義的氛圍。

　　然而卻因為日本維新之會內部的橋下徹和石原慎太郎帶領的議員內部出現對立狀況，2014年該黨與大家之黨合併後兩派系出現決裂狀況，橋下派議員與集結黨（日文：結いの党）合併，更名為維新之黨（日文：維新の党）。以維新之黨名義重新出發的橋下徹，提出大阪都構想，卻遭受到地方民眾反對，故與當時黨主席松野賴久出現政治理念不一的狀況。[36]2015年8月維新之黨出現分裂，10月橋下徹成立新的大阪維新之會（日文：おおさか維新の会），原維新之黨則在2016年3月與民主黨合併，故大阪維新之會在2016年8月再度更名為日本維新之會。

　　日本維新之會與他黨的互動關係上，雖然在大阪都構想上與自民黨有極大的差異，在選舉之際也常常出現兩方的競爭關係，卻在第24屆參院大選時因為修憲議題出現合作的契機。相對地，在與民進黨的關係上卻出現批評其支持團體的自治勞或日教組等公務人員的工會組織，呈現完全對立的關係。在國會諮詢之際，也是出現雙方對立且不良之互動。

　　Carl Schmitt觀察在野黨，提出究竟是要與執政黨形成妥協的政治或是對立型的政治，構成現代民主政治的運作。依此分類來看，可將日本在野黨與執政的自民黨關係，區分有妥協型的維新之會等，對立型的民進黨、日本共產黨、社民黨等。原本作為自民黨最大的在野黨是社會黨，但是在日本社會變遷、選制改變，以及黨內路線分裂等因素下，1998年起民主黨逐漸取代社會黨（或社民黨），成為自民黨最大的敵手。公明黨一開始走左派路線，在1990年代開始與自民黨結合成為執政的一黨後，也浮現右傾化。[37]

---

[36] 朝日新聞，2015年6月16日，〈橋下氏、野党再編に冷や水 維新、分裂の可能性も〉，http://www.asahi.com/articles/ASH6H4SF7H6HUTFK00D.html。

[37] 谷口尚子、Christian Winkler，〈世界の中の日本の政党－政党公約コーディングによる国際比較〉，頁21。

　　即使日本未來可以朝向穩健的政治發展，各在野黨重視的卻是勝選和取得政權，而非以往強調政治理念或是提高政黨競爭力。日本在野黨的差異微妙地展現在意識形態、政治理念上，最大的議題就是修憲。自民黨曾在2012年4月提出修憲草案，當中提及修改第9條1、2項並創設國防軍。現階段安倍提出2020年達成修憲目標，過程中必須有參眾兩院三分之二以上的同意，單靠自民黨勢力是無法強行通過，必須有公明黨的協助才可能在國會過關。然公明黨秉持和平主義和維持現行憲法的原則，同時又要作為輔佐執政黨的政黨，主張應以增憲方式補充現行憲法不足之處，才是最實際且最適當的方式。然而2017年5月12日公明黨井上義久幹事長表示，若不在憲法中明確定義自衛隊，將可能成為日本安保的阻礙；同月14日齊藤鐵夫幹事長代行兼選對委員長則認為，自衛隊目前合憲且受到多數國民認同，因此日本不需修憲等，顯示公明黨內部對安倍的修憲有分歧。

　　日本維新之會則贊成安倍的修憲內容，也希望其他政黨能夠針對需要修憲的條文和內容提出意見，期盼加速修憲議論。民進黨江田憲司代表代行於5月12日認為安倍是為修憲而修憲，反對安倍投入過多的政治資源在修憲議題上。5月14日共產黨小池晃書記局長認為安倍的修憲舉動，於憲法明記自衛隊是無法遏阻戰爭爆發或軍事行動。故安倍欲完成修憲議題，除了必須與在野黨做好協商，也必須取得國民半數以上的同意，才有可能完成此高門檻的政治偉業。日本在野黨多數反對修憲，另一方面，在野黨之間目前也還無法重整成在野黨大聯盟，9月1日民進黨主席選舉結果，由前外務大臣前原誠司勝出，其對修憲議題抱持反對態度。以及東京都知事小池百合子帶領的都民第一之會的地方勢力也值得關注。

四、希望黨

　　希望黨（日文：希望の党）前身是2016年7月東京都知事選舉時沒有獲得自民黨支持，故同年9月成立的地方政黨「都民第一之會」（日文：

都民ファストの会）。從地方政黨躍升爲一般政黨，主要是在翌年7月東京都議會選舉大勝自民黨，奪取東京都第一大黨地位。受到當時自民黨若狹勝的支持，7月13日在與若狹的「日本第一之會」（日文：日本ファストの会）合併後，9月由東京都知事小池百合子成立並擔任黨主席，以10月衆院大選爲目標積極往國政方向發展。而公布選舉日後民進黨主席前原誠司便與小池會面商談兩黨合併一事，自此民進黨實質上已經宣告解黨。

　　但兩黨合併後由於內部對於安保、修憲等議題持有不同觀點，加上之前競爭民進黨主席未果的枝野幸男也因爲政治理念不同，遂離黨並成立新政黨「立憲民主黨」。故在民進黨分裂和小池堅持不參與衆院選舉的因素下，結果小選區僅獲得18席、比例代表制獲得32席，竟然大敗給立憲民主黨的54席，無法如願成爲日本第一大在野黨，小池也因而辭去黨主席之位。目前由玉木雄一郎擔任黨主席，古川原久擔任幹事長。

五、立憲民主黨

　　立憲民主黨的成立動機在於，2017年10月原民進黨枝野幸男議員與前原誠司競選黨主席未果，勝選的前原決定跟希望黨合併，導致枝野率衆重組新政黨。立憲民主黨是以前民進黨議員爲成員，經過第48屆衆院大選後獲得55席次，成爲取代希望黨目前的最大在野黨。其政治理念係立憲主義和民主，站在生活者、納稅者、消費者、勞動者的立場上，訴諸維護自由和民主的立憲主義、創造共生社會、對未來的責任、培養人才實踐持續性的經濟成長、守護國家和貢獻國際社會的和平與繁榮等。反對自民黨的修憲，在維持現狀的情況下提倡廢除核電、實施社會自由主義、政府資訊公開透明化等政見。[38]

---

38 立憲民主黨，2017年10月2日，〈立憲民主党綱領〉，https://cdp-japan.jp/about-cdp/principles/。

參、一黨優位的變化與政商關係

　　日本長期以來被視爲是一種分配型政治，因此形成堅固的鐵三角運作，鑲嵌其中的族議員、企業的「系列」、官僚的年功序列制、官員空降等都強化既得利權結構的關係。[39]透過前述探討安倍內閣、自民黨支持率，以及在野黨的發展狀況，本書認爲自民黨在屢位強勢首相的官邸主導之下，呈現新型自民黨的再進化態勢。搭配日本政黨政治的轉型，自民黨雖不再享有一黨優位，然而新型自民黨讓國家成爲替日本企業在全球化市場下建構舞台的推手、日本成爲競爭型社會、使政官關係有所轉變等。

一、新型自民黨：建構日本企業全球化市場的推手

　　早在1990年代初期波斯灣危機爆發之際，美國不僅要求日本貢獻更多費用，也希望能夠有人力的貢獻。另一方面，1980年代後半起日本的多國籍企業積極活躍於海外市場，1990年代起的經濟全球化更加速其經濟活動。因此1990年代初期日本的「國際貢獻論」，事實上財界也要求派遣自衛隊至海外，因爲有助於日本海外的企業安全。對全球化經濟抱持懷疑觀點的Michael Veseth比較Nike、Boeing、Microsoft等企業，認爲眞正符合全球化現象的多國籍企業是少的，反而是本國政府力量的介入、人際網絡的影響才是重要因素。國家的重要性是因爲民族國家仍保有主權，且是多層次管理機制的發動與監督者。[40]

　　依據Katzenstein提出經濟彈性平衡與政治穩定要素，日本在保守派自民黨長期執政之下達到政治穩定，同時也在經濟立國原則下累積的經濟力對外提供國際開發援助（Official Development Assistance, ODA）並參與重要國際組織，以提高本身的國際地位。自由派政府間主義（Liberal

---

[39] 山本吉宣、納屋政嗣、井上壽一、神谷万丈、金子將史，《日本の大戰略》，頁111。

[40] David Held、Anthony McGrew、David Goldblatt、Jonathan Perraton，《全球化趨勢與衝擊：全球化對政治、經濟與文化的衝擊》，頁400-408。

Intergovernmentlism）認為，國家的對外政策受制於國內利益團體與選民的影響，國際組織只是提供資訊的場所，談判的結果取決於各國代表所預設的談判底線，而這底限完全是國內政治的選舉、公民投票、利益團體遊說交錯下的產物。ODA長期以來在日本經濟外交中扮演重要角色，其性質隨著時間而有階段性改變，政府與市場之間透過ODA扮演相互補強的功用。國家並非全球市場的參與者，而是替企業建構活動機制，ODA最主要的功能在於設立制度與承擔能力，藉以達成經濟彈性的可能。[41]

二、日本成為競爭型社會

因此無論是國家積極參與國際建制以符合追求國家利益，事實上多國籍企業的活躍也必須借重國家的力量。為此，21世紀經濟全球化下小泉的構造改革已經指出日本型的經濟系統必須從根本開始進行改革。戰略會議早已提及日本的GDP成長必須達到2%以上，階段性任務有：(1)1999、2000年進行為期兩年的泡沫經濟集中清算期；(2)2001年以後達到GDP成長2%；(3)2003年進行財政重建。戰略會議認為應該藉由提高企業生產性、提高未來利潤、呼籲投資等都是不可或缺的手段。[42]事實上，此時期的新自由主義改革已經設定從以往的「平等社會」修改為「競爭型社會」，以符合國家成為全球競爭大國的轉型。以「第三道路的日本社會」（日文：第三の道としての日本社会）為構想，訴諸實現有效率的小政府、推動地方主權或分權化、進行誘發個人的稅制改革和促進教育改革、建構社會保障的安全網等，結果卻是更加擴大貧富懸殊。[43]

2006年起小泉內閣結束後日本政治邁入迷失時期，2007至2012年每年更換內閣，而小泉政權訴諸的構造改革也讓新自由主義的矛盾愈加明顯，

---

[41] 楊鈞池，2006，《從「派閥均衡」到「官僚主導」——1990年代日本政治體制改革之分析》，翰蘆圖書，頁174-175。
[42] 二宮厚美，2000，《現代資本主義と新自由主義の暴走》，東京：新日本出版社，頁177。
[43] 同上，頁188-190。

導致官邸主導陷於機能不健全的狀況。如為了減輕大企業負擔減輕和擴大貿易自由，削減社會保障費用、公共投資，地方財政支出等和徹底放寬規制。日本企業將正式員工裁員，並僱用大量非正式性人員，讓大企業獲得前所未有的利潤，卻擴大貧富懸殊。同時因為進行地方構造改革也加速了地方衰退。部分區域或地方產業原本是附屬在自民黨執政下的利益誘導型結構運作，此時卻成為新自由主義改革的首要標的物。因此小泉內閣時期新自由主義改革的未竟之旅，出現的矛盾更加速失敗的結果。續任的第一次安倍內閣即可看出破綻，爾後的福田康夫、麻生太郎政權再度恢復官僚主導或自民黨的利權結構運作。

另一方面，官僚依舊在制定政策上有其影響性，由於日本以往的國家發展和決策過程，是以外部的對美從屬和內部的企業社會、威權型統合主義運作下的官僚支配，是一種利益誘導型政治發展。其特色在於，以經濟大國為原則的行政省廳，大藏省和通產省主導國家發展和財政政策，而自民黨也藉由統籌國家的撥放款，調整與地方政治的勢力關係，並發展出獨特的派閥政治。然而自2009年民主黨政權訴求政治主導，日本的決策過程開始出現變化，特色在於脫官僚、內閣成為決策中心，以及改善政治與社會的關係。[44]

三、政官關係的轉變

從選制改變後日本在野黨的口號往往是政黨輪替，企圖更換以自民黨為主體運作的政治，自此在野黨不再擔任沉默的影子內閣，而是透過合縱連橫等手段結盟，相對地自民黨也從永遠的執政黨成為「新型自民黨」（日文：ネオ自民党）。昔日的鐵三角關係在歷經泡沫經濟、政黨輪替等後，自民黨內部不得不轉型為以政黨為本位的選舉形象，以及實施新自由

---

[44] 高橋洋，御廚貴編，2012，〈大企業から見た政治主導〉，《「政治主導の教訓」》，東京：勁草書房，頁301、315。

主義和相關配套措施以爭取更多選民的支持。以橋本爲首開始進行的新自由主義改革，造就了現今新型自民黨的內涵。[45]

　　新型自民黨的出現說明一黨優位制的崩解和變動的政商關係。因而在日本政府架構的國際經貿舞台下，相較於國家的積極行爲，2004年5月27日經團連成立「國家基本問題檢討委員會」（日文：国の基本問題検討委員会）討論外交、安保、修憲等議題。從財界支持小泉的反恐法到灣岸戰爭等，可看出其積極的態勢，因爲日本長期以來在和平憲法的框架下，財界無法明顯支持戰爭來發展軍需產業。然而一旦日本的安保政策面臨轉換便顯見軍需商機的出現。同年7月20日經團連發表「今後防衛力整備的見解」（日文：今後の防衛力整備のあり方について），提及武器輸出三原則的修改。[46]2005年1月又公布「思考我國基本問題——展望未來的日本」（日文：わが国の基本問題を考える─これからの日本を展望して），提出四大問題。一是外交安保方面，維持強化美日安保體制、申請成爲聯合國的常任理事、建構東亞自由貿易圈；二是修憲，尤其是第9條相關的自衛隊能力；三是統治系統，經團連認爲政黨過度倚賴國家補助款，如此無法確保政黨的自立性和主體性，應該提倡民衆的政治參與，合理化財界的政治獻金；四是財政和少子化問題。[47]

　　事實上，日本並未趕上經濟全球化初期的潮流，原因有三：一是日本企業重視國內市場，因此在經濟全球化系統形成之際並沒有同時提升自我的國際競爭力。二是企業開發模式過遲。對經濟全球化而言金融具有主導力，必須依照需求進行直接投資、事業合作等建構業務網絡，且具有靈活地重組能力，但當下的日本企業並不具有此能力。三是日本產業構造並

---

45 吉田徹，《「野党」論何のためにあるのか》，頁105-106。
46 菊池信輝，《財界とは何か》，頁298-299。
47 日本經團連，2005年1月18日，〈わが国の基本問題を考える─これからの日本を展望して〉，https://www.keidanren.or.jp/japanese/policy/2005/002/index.html。菊池信輝，《財界とは何か》，頁301-305。

不符合全球化經濟。[48]從小泉的構造改革過程中，可發現財界出現幾點變化：在金融界的力量減弱、財政赤字和國債的增加說明財界主導的構造改革失敗及堅持民營化過程等。[49]經濟全球化下，讓日本大企業不用倚靠銀行的融資而獲得資金，反而是中小企業更加迫切需要資金的挹注或投資停滯狀況，出現產業間的不平衡關係。[50]

　　後工業化社會的運作導致自民黨無法維護既得利權結構和豬肉桶的分贓制度，在經濟低成長和微利的年代，2006年第一次安倍內閣即打出脫離戰後框架的口號，訴諸自由主義路線和呼籲大同團結，表明反對復古式地重返自民黨保守本流主義，2012年第二次安倍內閣採取更強硬的手段。而新型自民黨的誕生，也說明以往以派閥政治聞名的黨內多元化民主決策，變成以領導者為主的政治理念路線發展。以往自民黨以一黨優位型態可以維持長期執政，主因在於透過黨內多元化派閥代表的社會利益，進行分配國家資源給予地方。但現在的自民黨喪失此優位，故無法因循舊制呈現多元民主化，僅能在政治上與在野黨相抗衡，形成日本民主政治非常大的缺點。[51]

　　但是安倍的官邸主導與民主黨的政治主導不同，重視官僚的專業知識卻也持續加重內閣的領導力，其政商關係擺脫以往財界係左右政策的影武者，政治家或領導者成為實質的決策者。國家作為全球化進程當中的一員，對應全球化擴大的貧富懸殊、衝擊各國的政治和社會等層面，必須維持經濟成長且減少因全球化帶來的負面影響。作為一國中央集權的政府在民主政治運作之下，其體制必須成為吸收社會需求之反應體（responsiveness），必須要有一定的對應和靈活性。[52]故日本政府除了追

[48] 山本吉宣、納屋政嗣、井上壽一、神谷万丈、金子將史，《日本の大戰略》，頁108-109。
[49] 日本經團連，〈わが国の基本問題を考える一これからの日本を展望して〉。菊池信輝，2005，《財界とは何か》，東京：平凡社，頁315-317。
[50] 二宮厚美，《新自由主義の破局と決着一格差社会から21世紀恐慌へ》，頁181。
[51] 吉田徹，《「野党」論何のためにあるのか》，頁113-114。
[52] 山本吉宣、納屋政嗣、井上壽一、神谷万丈、金子將史，《日本の大戰略》，頁98。

求成為全球競爭大國之外，還須考量到對選民重要的社會福祉政策。以往在鐵幕時期的自由主義國家，靠著貿易自由化和擴大自由市場獲利，藉由稅制的財富重新分配，讓民眾可以獲得合理的醫療、教育、社會福利等補助。但是冷戰結束加上全球化，不僅先進國家產業構造變化，並發展出以金融和服務業為主的生產，但在僱用上卻大量聘請非正規人員和降低薪資。

由於日本也奉行市場原理主義、規制緩和、民營化等新自由主義的改革方式，[53]安倍積極地推動軍事大國化和讓日本成為全球競爭大國，從左派的觀點來看，全球化不啻是帝國主義的代表。理由有Samir Amin從資本主義全球化的邏輯，認為在全球範圍內是將政治和意識形態置於經濟的從屬地位。[54]而全球資本在新技術、金融流動、自然資源、通訊傳媒以及大規模軍事武器的壟斷，建立起不平等的國際分工體系，全球體系無法提供邊緣國趕上核心國的可能性，只會加深擴大不平等的差距。最後，Prbhat Patnaik認為當全球資本主義在削弱特定國家能力的同時，反而也促成特定激進族群或宗教意識辯證地順應全球化的推動而勃興。[55]

福山認為「右派的無國家幻想是建構全球化市場，以「市場的主權」取代「民主政府的主權」」。[56]對安倍而言「民族國家是安全主體，國家利益是安全目標，武裝力量則是安全的手段」。星野昭吉強調安全是不可分的，強調軍事安全的觀念已經無法為全球不安全、共同不安全、全面不安全及人類不安全等現象，提供正確的描繪與解釋。[57]2014年6月新任

---

[53] 櫻谷勝美、野崎哲哉，〈日本における新自由主義改革の現狀と問題点〉，頁23。

[54] Samir Amin, 1999, "Capitalism, Imperialism, Globalization", in Ronald M. Chilcote (ed.). *The Political Economy of Imperialism: Critical Appraisals*, Boston: Kluwer Academic Publishers, pp. 158. 轉引自房思弘，《全球化》，頁59。

[55] Prbhat Patnaik, 1999, "On the Pitfalls of Bourgeois Inernationalism", in Ronald M. Chilcote (ed.). *The Political Economy of Imperialism: Critical Appraisals*, Boston: Kluwer Academic Publishers, pp. 184-185. 轉引自房思弘，《全球化》，頁59。

[56] Francis福山，黃中憲、林錦慧譯，2014，《政治秩序的起源（上卷）》，台北：時報文化。

[57] 房思宏，《全球化》，頁159-161。

的日本經團連會長榊原定征，與前任米倉弘昌會長不同，決定領導該會支持安倍政權，並且在9月發表〈強化與政治合作的見解〉（日文：政治との連携強化に関する見解）。宣示日本經團連將恢復長期中斷的企業政治獻金，指出政治和經濟是「車子的雙輪」，兩者缺一不可，強化政治與經濟的連帶關係。[58]

1988年當自民黨強行通過消費稅法案後，隔年立即在參院大選中喪失過半數的優位，消費稅成為自民黨一黨優位制崩壞的導火線，動搖其支持底盤的根本性結構。[59]新中間選民與無政黨支持率的關係，1970年代起日本無特定政黨支持者開始增加，約維持20%左右。到了1990年代一黨優位制崩壞後增加到40%，目前更是增加到有70%左右的選民都沒有特定支持的政黨。[60]即使目前自民黨失去一黨優位的局勢，也脫離兩黨競爭的模式，但日本政黨真的邁向穩健的多黨政治發展嗎？中北浩爾認為日本政治已經邁入市場競爭型的民主發展，傳統的鐵三角關係也不適用於目前狀態，以往因為既得利權結構鞏固鐵三角的運作，但是在市場競爭型民主之下，私性質的政商關係空間變大而公性質的部分則縮小。因為選民在追求自我利益的最大化的同時，政黨或政治家也在尋求當選或政黨補助款的極大化。[61]

肆、小結

本章節主要探討安倍政權時期的政黨政治和政商關係的變化。從安倍政權和自民黨的支持率來看，2012至2017年安倍內閣的支持率出現幾次

---

[58] 日本經團連，2014年9月16日，〈政治との連携強化に関する見解〉，http://www.keidanren.or.jp/policy/2014/075.html。

[59] 松本正生，2006，〈無党派時代の終焉—政党支持の変容過程〉，《選挙研究》，第21號，頁39-40。鄭子真，《消費稅導入の政治過程》，頁186-187。

[60] 吉田徹，《「野党」論何のためにあるのか》，頁35。

[61] 藥師寺克行，《現代日本政治史》，頁301。

變化。首先，第二次安倍內閣時期（2012至2014年）因為安倍經濟學、日圓貶值、確定東京奧運等政策，讓安倍內閣的支持率維持在50%左右。但是2014至2015年因為推動新安保法制、內閣會議可決定日本是否參與集體自衛等，安倍內閣的支持率微幅下跌到50%以下。第三次安倍內閣時期（2014至今）因為美國歐巴馬總統造訪日本、2016年7月自民黨參院選舉獲勝等，穩定的安倍政權甚至在2017年自民黨修改黨綱，預估可持續執政到2021年。

　　但是安倍內閣的支持率不等同於自民黨的支持率，自民黨的支持率僅維持在30%、40%左右，比較起其他政黨，自民黨雖然依舊是第一大黨，卻也出現小黨紛立、鐘擺效應、第三小黨的極限之特徵。弱化的政黨競爭機能突顯無政黨支持者或新中間選民的重要性，尤其在全球化改變社會結構的投票行為下，無政黨支持層的結構化出現選民的策略性投票。在強調政黨領導人的能力下，黨中央與地方黨部的連結卻日漸薄弱，相形之下導致右派勢力的崛起，在一起一落之間日本民眾擺脫以往讓執政黨左右的選舉模式，呈現選民理性的一面。

　　第二部分則是觀察日本在野黨的發展狀況。由於1990年代起的日本政治迥異於五五年體制下的政黨競爭，不再由社會黨扮演最大在野黨角色。加上在活躍的政治競爭市場當中，各政黨以其政治理念和政見提供給選民選擇，本章節主要分析了社民黨、民進黨、日本維新之會等。社民黨由於以往社會黨時期過度倚賴工會，加上選制改革衝擊其選民結構，面對競爭激烈的選戰其政治理念又與其他政黨重疊導致選票流失，故已從第一大在野黨退位。取而代之的是1996年成立的民進黨（前民主黨），其在2009年一舉奪下政權和成為最大政黨，卻也在2012年失去政權退為第二大政黨。主因在於執政經驗不足和政黨公約的操作。日本維新之會則是在2008年竄紅後成為第三大黨，黨內集結橋下徹和石原慎太郎之代表性新保守主義者，成為危及民主黨的對手之一。地方政治勢力的集結雖然說明日本政治新的運作，卻也因為強調黨主席的領導力和內部路線之爭，導致內部弱

化，而對外則是選擇性與自民黨合作、與民進黨對立的關係。

　　第三部分延續前述探討安倍內閣和自民黨的支持率，以及在野黨的分合狀況後，深入剖析自民黨一黨優位的變化和其相關的政商關係。可觀察出新型自民黨的再進化呈現國家是全球化市場下替日本企業建構舞台的推手、日本成為競爭型社會，以及政官關係的轉變等。但也由於新型自民黨的質變，勾勒出日本大企業在全球經濟市場上的能動性，雖然自民黨不再享有一黨優位，卻在自由導向的政治市場中成為替企業服務的媒介。

第七章 結 論

Ellis S. Krauss與Robert J. Pekkanen認為傳統日本自民黨執政下的政治是透過後援會、派閥政治、政調會的組合，形成一種依賴路徑維持整體架構運作。[1]本書旨在觀察日本傳統鐵三角關係運作和內部質變的情況，透過依賴路徑的傳達分析官商關係、政官關係、政商關係的變化。從官商關係可以明瞭戰後日本官僚主導政策發展的權威性價值分配，採取行政制導和審議會制度運作；從政官關係可以觀察政黨主導政治發展的方式，以派閥政治和族議員成為日本政治的特色；從政商關係更是清楚瞭解21世紀日本首相企圖成為全球競爭大國，採取了官邸主導方式延續鐵三角的互動關係。

第二章探討日本決策過程變化和政官關係中，首先在「官僚主導的權威性價值分配」，釐清官僚主導的超然主義、1940年體制、菁英論的由來，讓官僚成為涉入市場的主要推手，進而成為影響企業活動和決策的主力。第二部分在於說明「政黨主導的決策過程：一黨優位制」，明瞭自民黨外部的政黨環境並未挑戰其執政能力，進一步導致國家的資源分配集中在內部的派閥均衡關係。即使派閥式微，族議員承接起決策的合法性，因此在第三部分分析「政官關係的權力構造」。藉由政官關係的權力構造、自民黨內的決策過程：黨三役和政調會等，說明日本在政黨主導之下成為社會福祉型國家，即使政官關係取代官商關係，但至少維持了封閉的鐵三角運作。

---

[1] Ellis S. Krauss & Robert J. Pekkanen, *The Rise and Fall of Japan's LDP*, US: Cornell University Press.

　　而五五年體制起自民黨以一黨優位制影響各層面的制度安排，以一超大政黨組織內閣並左右中央政府和地方自治體等，尤其在人事安排和國家預算上，內閣具有絕對性的影響力。為此，自民黨做為一執政黨，在能力所及範圍內必須表達內閣執政之意，同時內部必須具有專業的政策制定單位以掌握官僚，形成以一外在力量控管行政官僚的媒介。[2]日後國際化逐漸衝擊自民黨長期執政的正當性，政商關係透過族議員方式逐漸抬頭。族議員來自於黨內政調會的成員，本身即是社會利益的代表，爾後又成為協調各省廳政策的要角。族議員能夠取代派閥成為協調利益的角色，關鍵在於國會功能論和官僚內閣制的制度性因素導致。因為當日本國會逐漸發揮功能突顯決策過程的重要之外，也因為官僚內閣制內部的審議會制度，讓族議員可以穿梭行政省廳和利益團體之間，最後在國會殿堂中審議相關法案。

　　於是乎第三章「21世紀起日本鐵三角關係變化與政商關係」中，主要探討「日本企業的能動性和新自由主義」、「日本的新自由主義與官邸主導」、「日本新保守主義的理念」。依此脈絡可觀察出日本企業的能動性、鑲嵌權力構造中的官邸主導，以及支撐日本自民黨長期以來運作的保守本流意識形態的作用。雖有學者指出日本企業早早就具有能動性，但此一能動性的爆發是在全球經濟化的催化下更加出現量能。尤其日本一直以來做為後進國家發展型的新重商主義之信奉者，當小泉開始破壞日本傳統的權力構造釋放企業的能量後，日本企業也進一步遊說國會試圖改變決策單位。因此在政黨創新性權力的破壞和企業能量的增強之下，政商關係藉由新自由主義的形式而得以展現。

　　1980年代的國有事業民營化起到小泉的構造改革，造就一批新的菁英階級產生而醞釀的政商關係。政治方面為了對應快速變化且詭譎多變的國際環境，日本採取了強調首相領導風格的官邸主導，為日本國家發展打下

2　牧原出，《權力移行》，頁97。

強心劑。官邸主導並非單指首相的主導，而是在2001年行政改革後強化的官邸整體的執行能力，包括各省廳大臣和官房長官等，皆需協同首相的領導方針確實落實政策。[3]結合日本企業和官邸主導的關鍵，莫過於新保守主義意識形態的發揮，朝向日本軍事大國和全球競爭大國的目標邁進。換言之，外部冷戰結束的國際因素以及內部權力轉換的影響下，右傾化的自民黨是因為保守本流的意識影響，和採取有別於以往的新自由主義方式，鞏固了日本傳統鐵三角關係的運作，透過內部種種轉化持續政治經濟菁英對日本的影響。日本新型鐵三角關係在官邸主導結合新自由主義和新保守主義的方式下得以延續。

右傾化的自民黨在2012年第二次安倍內閣上台後更加顯著。第四章分析「全球競爭大國：安倍經濟學」、「軍事大國：安倍積極和平主義」等，藉以說明安倍政權的實與虛。首先，全球競爭大國：安倍經濟學方面，本書探討了安倍經濟學迥異於其他政權的經濟政策，是讓經濟混合財政、金融、貨幣等政策內容推動日本成為全球競爭大國。但要成為全球競爭大國的前提條件是，連接與美國推動自由世界，和積極成為美國在全球化市場下的良好夥伴，還必須承接美國在亞太式微的軍事影響力，以及面對中國崛起和北韓威脅等嚴峻課題。

因此安倍政權的重要目標並非在推動安倍經濟學，而是借用經濟發酵的作用促進安倍積極和平主義。由於1990年代起國際環境不確定因素的增加，反映在東亞就是東南海爭議。第二次安倍內閣上台後陸續推動修改《自衛隊法》、《周邊事態法》、《防衛計畫大綱》等，制定《特定秘密保護法》，以及成立國家安全保障會議、防衛裝備移轉三原則、內閣會議方式決定參與集體自衛等。最終以新安保法制的上路展現日本新安保觀。而能夠協調各國允許日本上述行為的，就是安倍展開有史以來最多海外拜訪的地球儀外交。

---

3 牧原出，《權力移行》，頁104-106。

故在第五章「大國權力的博弈：安倍政權的地球儀外交」探討中國崛起和鑽石防衛網、北韓核武和區域穩定等。鑽石防衛網係指日本連接起美國、印度、澳洲等，然上述的外交政策內涵，種種都顯示日本防衛和軍事能力的大幅提升，讓日本成為軍事大國的目標更邁進一步。相較之下中日關係則產生重大變化，除了中美的新型大國關係的外部因素，安倍的對中策略有加強自我軍事力、強化美日同盟、與中國周遭國家合作等。在東北亞區域中尚有一緊要課題，即是北韓威脅。故東北亞中的日本、南韓、中國等面對棘手的北韓問題出現不同的對應。中美之間以獵鹿賽局呈現既競爭又合作的關係，兩韓則是停留在彼此叫囂的膽小鬼賽局，中日則在囚徒困境下出現敏感性外交的發展。日本持續強化與美國的同盟關係，在歐巴馬總統任內，安倍成功地讓美日合作關係拓展到資訊情報交流以及外太空等。故美日共同推動TPP、更新美日防衛指針、新戰略合作關係等，都顯示中美的新型大國關係和中日的敏感性外交，夾雜著合作又矛盾的國家互動。

然而2017年川普總統上任後，美日關係驟變，安倍的地球儀外交不能僅靠強化美日同盟的主軸，因為川普簽署美國退出TPP且認為日本若需要美軍的保護，必須支付更多的分擔費用等。至少在川普任內美日關係倚靠在薄弱的經濟互動上，兩者最大的共識則是北韓金正恩政權對亞太的威脅。因此日本此時的外部課題跳脫中國威脅論，取而代之的是核彈和導彈能力逐漸提升的北韓問題。

安倍政權擴張自衛隊能力和對國際的影響力，實質上確實是讓日本成為軍事大國，但在經濟的力道上，並未讓日本恢復世界第二經濟大國地位。而在現今外交就是內政的延伸之下，第六章說明日本國內的政黨政治發展。觀察安倍政權和自民黨的支持率，發現一開始安倍經濟學的上路受到民眾支持，但事實上安倍內閣的支持率，比較起以往內閣並非是最受歡迎的。甚至在2014年推動日本參與集體自衛和2015年的新安保法制等，都是重挫安倍政權的關鍵。顯見日本民眾仍有半數支持和平憲法的運作，因

此自民黨的支持率並沒有因為安倍政權運作而得到提升。主因在於新型自民黨的誕生、政黨公約的操作等，甚至在自民黨仍作為第一大黨之下卻產生小黨林立、鐘擺效應、第三小黨的極限等政黨混亂的局面。

為此，自民黨為保住政黨龍頭地位，無政黨認同者或新中間選民的選票成為首要目標。換言之，自民黨無法再以以往長期政策或既得利權結構的運作來穩固票源，而是必須祭出短期且有感的政策讓選民願意對其投票。民眾理性的崛起不僅影響自民黨執政的可能，也左右日本在野黨是否能夠逼退自民黨再度實現政權輪替。故第六章第二部分說明戰後自民黨主要的對手政黨，如社會黨、民主黨等，而日本維新之會的出現則是說明地方政治勢力的崛起，但仍是一種強調黨中央領導人物的政治手法，希望黨也如是。在野黨的步步進逼動搖了自民黨的一黨優位，無論從自民黨的支持率或其他政黨數量來看，一黨優位制崩解讓日本朝向一大多黨制的政黨政治發展。

總體而言，自民黨在全球化影響下出現自我新型自民黨內涵的質變，跳脫以往一黨優位的態勢，而要持續穩固政權則是祭出新自由主義的手段，以官邸主導結合政商關係來推動國家發展，試圖落實軍事大國和全球競爭大國的目標。就結論來看，本書認為日本政治的新進化是由官邸主導之下帶動新型自民黨和財界的能動性，實施政治的新自由主義和追求經濟的新保守主義，因而構成新的鐵三角關係，企圖呈現日本成為全球競爭大國和軍事大國。然就現階段來看，新型自民黨是否持續運作，接任的日本首相是否能夠發揮官邸主導等都存有疑問。首先，官邸主導的極限方面，1990年代日本進行行政改革與21世紀起著手的構造改革而形塑的官邸主導形成對立關係。事實上，在強化官邸主導的內閣功能同時，制度上日益獨立的日銀、公平交易委員會（日文：公正取引委員会）、地方自治體等也逐漸擴大權限。彼此之間勢必造成衝突，如第二次安倍內閣上台後更換日銀總裁為黑田東彥，要求日銀進行日圓貶值和金融緩和等，即可看出

官邸干涉日銀的中立性。[4]

　　其次，新自由主義即使擴散在先進國家之中，卻也不難看出各地貧富懸殊擴大和種種衍生的社會問題等。新型自民黨要穩固政權又要達到社會福祉國家的實踐是有其難度的。雖然日本大企業屢屢以進攻全球經濟市場爲口號，從數據資料卻也顯示日本民衆並未因此獲益，從中獲利的仍是大企業。市場競爭型的日本政治起因雖然是選制改革、政黨公約等制度性影響之下誕生，但人爲的官邸主導和新自由主義催化新型鐵三角關係的誕生，而非嶄新的民主政治。

---

[4] 牧原出，《権力移行》，頁94-95。

參考文獻

中文部分

1. Beck, Ulrich，王學東、柴方國等譯，2002，《全球化與政治》，北京：中央編譯出版社。

2. Downs, Anthony，2010，姚洋、邢予青、賴平耀譯，《民主的經濟理論》，上海：上海人民出版社。

3. Ernst, Dieter，王星宇譯，2012，〈在東亞區域化中尋找新的角色：電子產業中的日本生產網絡〉，Katzentein, Peter J.、白石隆編，《日本以外──東亞區域主義的動態》（*Beyond Japan: The Dynamics of East Asian Regionalis*m），北京：中國人民大學出版社。

4. Fankel, Jeffrey & Rodrik, Dani，王勇等譯，2013，〈經濟全球化〉，《全球化世界的治理》（*Governance in a Globalizing World*），北京：世界知識，頁40-64。

5. Francis福山，黃中憲、林錦慧譯，2014，《政治秩序的起源（上卷）》，台北：時報文化。

6. Friman, H. Richard、Katzentein, Peter J.、Leheny, David、Okawara, Nobuo，王星宇譯，2012，〈不可移動的目標？日本在東亞的安全政策〉，Katzentein, Peter J.、白石隆編，《日本以外──東亞區域主義的動態》（*Beyond Japan: The Dynamics of East Asian Regionalis*m），北京：中國人民大學出版社，頁93-118。

7. Gilpin, Robert，陳怡仲、張晉閣、許孝慈譯，2004，《全球政治經濟──掌握國際經濟秩序》（*Global Political Economy: Understanding the International Economic Order*），台北：桂冠。

8. Gilpin, Robert，楊宇光譯，2005，《國際關係的政治經濟分析》（*Realism in International Relations and International Political Economy*），台北：桂冠。

9. Grossman, Gene M. & Helpman, Elhanan，李增剛譯，2005，《利益集團與貿易政

策》（*Interest Groups and Trade Policy*），北京：中國人民大學出版社。

10. Hamilton-Hart, Natasha，王星宇譯，2012，〈創造一個區域性的舞台：金融行業的重建、全球化和區域形成〉，Katzentein, Peter J.、白石隆編，《日本以外——東亞區域主義的動態》（*Beyond Japan: The Dynamics of East Asian Regionalis*m），北京：中國人民大學出版社，頁119-142。

11. Harvey, David，王欽譯，2010，《新自由主義簡史》（*A Brief History of Neoliberalism*），上海：上海譯文出版社。

12. Held, David、McGrew, Anthony、Goldblatt, David & Perraton, Jonathan，沈宗瑞、高少凡、許湘濤、陳淑玲譯，2007，《全球化趨勢與衝擊：全球化對政治、經濟與文化的衝擊》（*Global Transformations: Politics, Economic and Culture*），台北：韋伯。

13. Huntington, Samuels P. & Berger, Peter L.，王柏鴻譯，2002，《杭亭頓&柏格看全球化大趨勢》（*Many globalizations: cultural diversity in the contemporary world*），台北：時報文化。

14. Jacques, Martin，李隆生、張逸安譯，2010，《當中國統治世界》（*When China Rules the World: The End of the Western World and the Birth of a New Global Order*），台北：聯經。

15. Jessop, Bob，梁書寧譯，2008，《思索資本主義國家的未來》（*The Future of the Capitalist State*），台北：國立編譯館。

16. Katzentein, Peter J.，王星宇譯，2012，〈東亞——日本以外〉，Katzentein, Peter J.、白石隆編，《日本以外——東亞區域主義的動態》（*Beyond Japan: The Dynamics of East Asian Regionalis*m），北京：中國人民大學出版社，頁1-36。

17. Keohane, Robert O. & Nye, Joseph，王勇等譯，2013，〈導言〉，《全球化世界的治理》（*Governance in a Globalizing World*），北京：世界知識，頁1-38。

18. Pempel, T. J.，王星宇譯，2012，〈10年的政治低迷：當政治邏輯戰勝經濟理性〉，Katzentein, Peter J.、白石隆編，《日本以外——東亞區域主義的動態》（*Beyond Japan: The Dynamics of East Asian Regionalis*m），北京：中國人民大學出版社，頁39-66。

19. Rosedorf, Neal M.，高軍譯，2013，〈社會與文化的全球化：概念、歷史以及美國的作用〉，Keohane, Robert O. & Nye, Joseph主編，王勇等譯，《全球化世界的治理》（*Governance in a Globalizing World*），北京：世界知識，頁97-120。

20. Kelly, William、White, Merry、Katzentein, Peter J.，王星宇譯，Katzentein, Peter J.、白石隆編，2012，〈學生、閒散人員、單身者、老年人和外來者：改變一個家庭國家〉，《日本以外 —— 東亞區域主義的動態》（*Beyond Japan: The Dynamics of East Asian Regionalis*m），北京：中國人民大學出版社，頁70-89。

21. 大前研一，1996，《民族國家的終結：區域經濟的興起》，台北：立緒文化。

22. 中時電子報，2014年2月15日，〈違反非核 安倍有條件允美運核進日〉，http://www.chinatimes.com/realtimenews/20140215002301-260408。

23. 尹懷哲，2003，《日本族議員在行政改革過程中的角色分析》碩士論文，宜蘭：佛光大學。

24. 石之瑜，2013年12月7日，〈中國對日本人民的責任〉，中國評論新聞，http://hk.crntt.com/doc/1029/0/4/8/102904862.html?coluid=136&kindid=4730&docid=102904862&mdate=1207010011。

25. 白石隆，王星宇譯，2012，〈第三波：東南亞和一個區域形成中的中產階級的構成〉，Katzentein, Peter J.、白石隆編，《日本以外 —— 東亞區域主義的動態》（*Beyond Japan: The Dynamics of East Asian Regionalis*m），北京：中國人民大學出版社，頁257-294。

26. 自由時報，2009年3月28日，〈陸委會：中國珍珠鏈戰略 伸入印度洋〉，http://news.ltn.com.tw/news/politics/paper/291062。

27. 李世暉，2016，〈政權公約與日本民主治理的發展：以民主黨政權公約的運作為例〉，《民主與治理》，第3卷第1期，頁1-29。

28. 李世暉，2017，〈台日關係中「國家利益」之探索：海洋國家間的互動與挑戰〉，《遠景季刊》，第18卷第3期，頁1-40。

29. 周代尉，2001，〈由新制度論探討日本預算政策之變遷（1971-2000）〉碩士論文，台北：台灣大學政治所研究所。

30. 阿波羅新聞，2017年5月10日，〈野村辜朝明：為何極右翼和「門外漢」能在全球政壇崛起〉，http://tw.aboluowang.com/2017/0510/927415.html。

31. 房思宏，2004，石之瑜主編，《全球化》，揚智。

32. 宗像直子，王星宇譯，2012，〈政治如何趕上市場？尋找東亞的經濟區域主義〉，Katzentein, Peter J.、白石隆編，《日本以外 —— 東亞區域主義的動態》（*Beyond Japan: The Dynamics of East Asian Regionalis*m），北京：中國人民大學出版社，頁143-172。

33. 風傳媒，2017年4月15日，〈東北亞衝突一觸即發 中國如何看待？外長王毅：生戰生亂者必須承擔歷史責任、付出相應代價〉，https://tw.news.yahoo.com/%E6%9D%B1%E5%8C%97%E4%BA%9E%E8%A1%9D%E7%AA%81-%E8%A7%B8%E5%8D%B3%E7%99%BC-%E4%B8%AD%E5%9C%8B%E5%A6%82%E4%BD%95%E7%9C%8B%E5%BE%85-%E5%A4%96%E9-%95%B7%E7%8E%8B%E6%AF%85-%E7%94%9F%E6%88%B0%E7%94%9F%E4%BA%82%E8%80%85%E5%BF%85%E9%A0%88%E6%89%BF%E6%93%94%E6%AD%B7%E5%8F%B2%E8%B2%AC%E4%BB%BB-%E4%BB%98%E5%87%BA%E7%9B%B8%E6%87%89%E4%BB%A3%E5%83%B9-042700740.html。

34. 孫國祥，2015，〈跨太平洋夥伴協定發展之探討：美國的角色〉，《遠景季刊》，第16卷第3期，頁69-130。

35. 郭永興，2016年12月16日，〈日本的TPP醃醬菜策略〉，《上報》，https://tw.news.yahoo.com/%E6%97%A5%E6%9C%AC%E7%9A%84tpp%E9%86%83%E9%86%AC%E8%8F%9C%E7%AD%96%E7%95%A5-160100518.html。

36. 郭正亮，2013年9月3日，〈安倍凝聚 TPP 共識對台灣的啟示〉，《台北論壇》，http://140.119.184.164/view_pdf/92.pdf，頁1-6。

37. 郭育仁，2014，〈第二次安倍內閣之外交政策走向〉，《全球政治評論》，第46期，頁43-64。

38. 郭育仁，2015年11月12日，〈日本的戰略憂慮：新安保法與安倍主義〉，《台北論壇》，http://140.119.184.164/view_pdf/252.pdf。

39. 黃靖嵐、郭永興，2015，〈日本對美貿易戰略與農業政策調整：以豬肉產業為例〉，《遠景季刊》，第16卷第4期，頁115-163。

40. 楊鈞池、許介麟，2006，《日本政治制度》，台北：三民。

41. 楊鈞池，2006，《從「派閥均衡」到「官僚主導」——1990年代日本政治體制改革之分析》，台北：翰蘆圖書。

42. 經濟部譯印，1998，《日本行政改革會議完結報告》，台北：經濟部。

43. 劉松貴，1989，〈戰後日本的關稅政策及其對外貿易管理制度之研究〉，台北：淡江大學日本研究所碩士論文。

44. 蓋浙生，2004，〈台灣高等教育市場化政策導向之檢視〉，《教育研究集刊》，第50卷第2期，頁29-51。

45. 鄭子眞，2010，《消費稅導入の政治過程》，日本大阪大學博士論文。

46. 鄭子眞，2016，〈日本新安保法的兩面性：顯性自衛、隱性侵略〉，《天大報告》，第109期，頁1-5。

47. 潘誠財，2017，《小泉政府的外交政策》，台北：五南。

48. 蔡增家，2003，〈日本銀行體系之政治經濟分析——從政府、企業、銀行與交叉持股觀察〉，《問題與研究》，台北：政治大學國關中心，第42卷第2期，頁55-78。

49. 蔡增家，2004，〈日本自民黨再執政的政治經濟基礎〉，《人文及社會科學集刊》，台北：人文社會科學研究中心，頁67-68。

50. 蔡增家，2006，〈日本經濟發展的非正式制度因素：以行政指導及官員空降爲例證〉，台北：《問題與研究》，第45卷第6期，頁107-135。

51. 蔡增家，2007，《誰統治日本？——經濟轉型之非正式制度分析》，台北：巨流。

52. 蔡增家，2009，〈全球化與日本政經體制轉變：2005年日本眾議院改選的政經濟意涵〉，《問題與研究》，第45卷第2期，台北：政治大學國關中心，頁 1-23。

53. 謝明吉，2002，〈日本行政改革對於政經制度影響之分析（1994-2001）〉碩士論文，台南：成功大學政治經濟學研究所。

54. 戴曉霞，2001，〈全球化及國家／市場關係之轉變：高等教育市場化之脈胳分析〉，《教育研究集刊》，第47期，頁29-51。

日文部分

1. BBC News Japan，2016年12月15日，〈日ロ平和条約を阻む島々〉，http://www.bbc.com/japanese/38325342。

2. Callinicos, Alex，渡辺雅男、渡辺景子譯，2004，《アンチ資本主義宣言》，東京：こぶし書房。

3. Curtis, Gerald L，山岡清二譯，1987，《日本型政治の本質－自民党支配の民主主義》，東京：TBSブリタニカ。

4. Glyn, Andrew，川信治、伊藤誠譯，2007，《狂奔する資本主義格差社会から新たな福祉社会へ》，東京：ダイヤモンド社。

5. Ikenberry, G. John，2002，〈新帝国主義というアメリカの野望〉，《論座》，No. 90，東京：朝日新聞社。

6. JNN世論調査，2017年1月16日，〈安倍内閣支持率は？〉，http://news.tbs.co.jp/newsi_sp/yoron/backnumber/20170114/q1-1.html。

7.　Jessop, Bob，中谷義和監譯，2005，《資本主義国家の未来》（*The Future of the Capitalist State*），東京：御茶の水書房，頁369。

8.　JETRO，2011，《世界貿易投資報告》，東京：日本貿易振興機構。

9.　Karel van Wolferen，1990，《日本／権力構造の謎》（*The Enigma of Japanese Power: People and Politics in a Stateless Nation*），東京：早川書房。

10.　NHK Web News，2017年1月16日，〈安倍首相 中国を念頭「地域の平和と繁栄へ主導的役割」〉，http://www3.nhk.or.jp/news/html/20170116/k10010841811000.html。

11.　NHK Web News，2017年1月24日，〈首相 米にTPP理解求める ほかの経済連携協定も〉，http://www3.nhk.or.jp/news/html/20170124/k10010850901000.html。

12.　NHK放送文化研究所，2016年10月25日，〈〔最新〕安倍内閣の支持率の推移〉，http://factboxglobal.com/abe-poll/。

13.　NHK放送文化研究所，2017年6月12日，〈政治意識月例調査2017年〉，http://www.nhk.or.jp/bunken/research/yoron/political/2017.html。

14.　Panitch, Leo & Gindin, Sam，渡辺雅男譯，2004，《アメリカ帝国主義とはなにか》，東京：こぶし書房。

15.　Pempel, T. J.、村松岐夫、森本哲郎，1994，〈一党優位制の形成と崩壊〉，《レヴァイアサン》，臨時増刊號，頁11-35。

16.　PHP総合研究所マニフェスト検証委員会，2007，《マニフェスト白書》，PHP総合研究所。

17.　RamseyerFrances, J. Mark、Rosenbluth, McCall，1995，《日本政治の経済学－政権政党の合理的選択－》，東京：弘文堂。

18.　Ramseyer & Rosenbluth，加藤寛監譯，2006，《日本政治と合理的選択》，日本：勁草書房。

19.　Wood, Ellen Meiksins，中山元譯，2004，《資本の帝国》，東京：紀伊國屋書店。

20.　二宮厚美，2009，《新自由主義の破局と決着－格差社会から21世紀恐慌へ》，東京：新日本出版社。

21.　大山郁夫，1997，《基礎》，東京：早稻田大學出版部。

22.　大宮知信，1993，《経済と行政の関係が一目でわかる事典－ポイント解説》，東京：明日香。

23.　大森彌，2006，《行政學叢書4 官のシステム》，東京：東京大學出版會。

24.　大澤眞理，2007，《現代日本の生活保障システム》，東京：岩波書店。

25. 山下一仁，2016年12月12日，〈トランプ政権の通商交渉と日本米国抜きの新TPP
を実現せよ〉，《金融財政ビジネス》，頁4-8。

26. 山口二郎，2011年5月21日，〈政権交代と政官関係の変容／連続－政治主導はなぜ
失敗したか〉，日本行政學會研究會論文，頁1-15。

27. 山本吉宣、納屋政嗣、井上寿一、神谷万丈、金子将史，2012，《日本の大戦
略》，東京：PHP。

28. 山口信治，2014年8、9月，〈習近平政権の対外政策と中国の防空識別区設定〉，
《NIDS　NEWS》，http://www.nids.go.jp/publication/briefing/pdf/2014/briefing_190.
pdf。

29. 山本雄史，2014年9月2日，〈安倍首相の「安保ダイヤモンド構想」、対中抑
止へ完成間近〉，日本產經News，http://www.sankei.com/politics/news/140902/
plt1409020009-n1.html。

30. 川村一義，2011，〈日本の政党制の変容と野党第一党の機能〉，GEMC Journal，
第5卷，頁80-103。

31. 小原雅博，2007，《国益外交世界日本戦略》，東京：日本經濟新聞出版社。

32. 上野裕也，1978，《日本の経済制度》，東京：日本經濟新聞社。

33. 內山融，1998，《現代日本の国家と市場》，東京：東京大學出版會。

34. 內山融，2007，《小泉政権：「パトスの首相」は何を変えたのか》，東京：中公
新書。

35. 日本內閣府，2017年3月8日，〈国民経済計算（GDP統計）〉，http://www.esri.cao.
go.jp/jp/sna/menu.html。

36. 日本外務省，2015年12月12日，〈日印ヴィジョン2025 特別戦略的グローバル パ
ートナーシップ　インド太平洋地域と世界の平和と繁栄のための協働〉，http://
www.mofa.go.jp/mofaj/s_sa/sw/in/page3_001508.html。

37. 日本自民黨，2015年4月27日，〈日米安全保障協議委員会共同発表 変化する安全
保障環境のためのより力強い同盟 新たな日米防衛協力のための指針〉，https://
www.jimin.jp/news/prioritythemes/diplomacy/127642.html。

38. 日本自民黨，2015年4月28日，〈日米共同ビジョン声明〉，https://www.jimin.jp/
news/prioritythemes/diplomacy/127642.html。

39. 日本自民黨，2015年4月29日，〈米国連邦議会上下両院会議における安倍
総理大臣演説「希望の同盟へ」〉，https://www.jimin.jp/news/prioritythemes/

diplomacy/127642.html。

40. 日本自民黨，2017，〈党のあゆみ〉，https://www.jimin.jp/aboutus/history/prime_
minister/100339.html#more，上網檢視日期：2015年6月2日。

41. 日本自民黨，2017，〈党のあゆみ〉，https://www.jimin.jp/aboutus/history/prime_
minister/100341.html#more，上網檢視日期：2015年6月2日。

42. 日本防衛省，2011年12月17日，〈中期防衛力整備計画について（平成23年度～平
成27年度）〉，http://www.mod.go.jp/j/approach/agenda/guideline/2011/chuuki_p.pdf#s
earch=%27%E4%B8%AD%E6%9C%9F%E9%98%B2%E8%A1%9B%E5%8A%9B%E6
%95%B4%E5%82%99%E8%A8%88%E7%94%BB+2011%27，頁25-29。

43. 日本防衛省，2013年3月24日，《我が国の防衛と予算 平成26年概算要求の概
要》，http://www.mod.go.jp/j/yosan/2014/gaisan.pdf。

44. 日本防衛省・外務省，2013年10月，〈日米安全保障協議委員会（「2＋2」閣僚会
合）等の開催〉，http://www.mod.go.jp/j/press/youjin/2013/10/03_2.html。

45. 日本防衛省・自衛隊，2014年12月17日，〈平成26年度以降に係る防衛計画の大
綱について〉，http://www.mod.go.jp/j/approach/agenda/guideline/2014/pdf/20131217.
pdf，上網檢視日期：2017年11月28日。

46. 日本首相官邸，2015年8月14日，〈内閣総理大臣談話〉，http://www.kantei.go.jp/
jp/97_abe/discource/20150814danwa.html。

47. 日本財務省貿易統計，2016，〈年別輸出入総額（確定値）〉，http://www.customs.
go.jp/toukei/suii/html/nenbet.htm。

48. 日本國會，《周辺事態に際して我が国の平和及び安全を確保するための措置
に関する法律》，1999年5月28日，https://www1.doshisha.ac.jp/~karai/intlaw/docs/
shuhenjitai.htm。

49. 日本經團連，2005年1月18日，〈わが国の基本問題を考える―これからの日本を展
望して〉，https://www.keidanren.or.jp/japanese/policy/2005/002/index.html。

50. 日本經團連，2014年9月16日，〈政治との連携強化に関する見解〉，http://www.
keidanren.or.jp/policy/2014/075.html。

51. 日本經濟新聞，2014年3月31日，「新武器輸出三原則、1日に閣議決定」，http://
www.nikkei.com/article/DGXNASFS3102T_R30C14A3PP8000/。

52. 日本經濟新聞，2017年4月3日，〈「安倍1強」まだ続く？3選で悲願の改憲めざ
す〉，https://style.nikkei.com/article/DGXKZO14824340T00C17A4EAC001?channel=

DF180320167063。

53. 日本《國家行政組織法》，1948，參考網址：http://law.e-gov.go.jp/htmldata/S23/S23HO120.html，上網檢視日期：2008年6月1日。

54. 日本《國家總動員法》，1938，參考網址：http://www005.upp.so-net.ne.jp/horizon/yuuji/soudouin2.htm，上網檢視日期：2008年6月4日。

55. 日本總務省，2017，〈郵政改革トップ（新着情報）〉，參考網址：http://www.soumu.go.jp/yusei/mineika/，上網檢視日期：217年11月19日。

56. 中井步，2002，〈「市民の政党」試論－現代日本の政党再編と社会民主党を中心に－〉，《人間科学》研究紀要，第1號，大阪樟蔭女子大学，頁179-194。

57. 中邨章編著，2001，《官僚制と日本の政治 改革と抵抗のはざまで》，東京：北樹出版社。

58. 中野實，2002，《日本政治経済の危機と再生－ポスト冷戦時代の政策過程》，東京：早稲田大學出版部。

59. 北山俊哉，1985，〈日本における産業政策の執行過程（一）〉，《法学論叢》，京都：京都大學，頁53-76。

60. 平和安全保障研究所，《アジアの安全保障（2011-2012）》，東京：平和安全保障研究所。

61. 立憲民主黨，2017年10月2日，〈立憲民主党綱領〉，https://cdp-japan.jp/about-cdp/principles/。

62. 加藤淳子，1997，《税制改革と官僚制》，東京：東京大學出版會。

63. 辻中豊，1985，〈私的諮問機関の役割と靖国懇〉，《ジュリスト》，東京：有斐閣，No. 848，頁67-76。

64. 辻中豊，1996，《利益集団》，東京：東京大學出版會。

65. 竹中治堅，2006，《首相支配－日本政治の変貌》，東京：中公新書。

66. 辻本清美，1998，《永田町航海記》，東京：第三書館。

67. 吉田徹，2016，《「野党」論　何のためにあるのか》，東京：築摩書房。

68. 社会実情データ図録，2017年1月16日，〈歴代内閣の内閣支持率推移〉，http://www2.ttcn.ne.jp/~honkawa/5236a.html。

69. 全國高速道路建設協議會（編），2007，《高速道路便覧2007》，東京：全國高速道路建設協議會。

70. 米倉誠一郎、岡崎哲二、奥野正寛編，1993，〈業界団体の機能〉，《現代日本経

済システムの源流》，東京：日本經濟新聞社。

71. 安倍晉三、百田尚樹，2013，《日本よ、世界の眞ん中で咲き誇れ》，東京：ワック。

72. 每日新聞，2017年2月12日，〈「日米首脳会談」各国、思惑うごめく 親密ぶりに関心・警告〉，http://headlines.yahoo.co.jp/hl?a=20170212-00000002-mai-int。

73. 伊藤光利，1995，〈大企業労使連合vs.地方政府・政策受益団体連合（1）－第2次圧力団体関係構造の分析－〉，《政策科学》，第3卷第2期，京都：立命館大學，頁15-30。

74. 伊藤光利，2006，加藤淳子、川人貞史與辻中豊等編，〈官邸主導型政策決定と自民党－コア・エグゼクティヴの集権化－〉，《レヴァイアサン》，38號，東京：木鐸社，頁7-40。

75. 伊藤光利，2007，〈官邸主導型政策決定システムにおける政官関係－情報非対称性縮減の政治〉，《年報行政研究》，日本行政學會，第42號，頁32-59。

76. 谷口尚子、Christian Winkler，2015年5月16日，〈世界の中の日本の政党－政党公約コーディングによる国際比較〉，熊本：日本選舉學會大會，頁1-24。

77. 杉本康士，2017年1月22日，〈日米首脳会談、来月にも 首相、同盟強化目指す〉，日本產經新聞，http://headlines.yahoo.co.jp/hl?a=20170122-00000038-san-pol。

78. 杉岡碩夫，1997，《日本資本主義の大転換》，東京：東洋經濟新報社。

79. 村山富市，1998，《そうじゃのう》，東京：第三書館。

80. 村松岐夫，1994，《日本の行政－活動型官僚制の変貌》，東京：中央公論社。

81. 村松歧夫、伊藤光利、辻中豊，1986，《戦後日本の圧力団体》，東京：東洋經濟新報社。

82. 村松岐夫、伊藤光利、辻中豊，1992，《日本の政治》，東京：有斐閣。

83. 佐佐木憲昭，2007，《変貌する財界－日本経団連の分析》，東京：新日本出版社。

84. 佐佐田博教，2011，〈統制会・業界団体制度の発展過程－経路依存とアイティブ〉，《レヴァイアサン》，48號，東京：木鐸社，頁131-149。

85. 佐藤誠三郎、松岐哲久，1986，《自民党政権》，東京：中央公論社。

86. 金子勝，1999，《セーフティーネットの政治経済学》，東京：ちくま新書。

87. 岩井奉信，1988，《立法過程》，東京：東京大學出版會。

88. 松本正生，2006，〈無党派時代の終焉－政党支持の変容過程〉，《選挙研究》，

第21號，頁39-50。

89. 牧原出，2013，《権力移行》，東京：NHK出版。

90. 国家安全保障に関する官邸機能強化会議，2007年2月27日，《報告書》，http://www.kantei.go.jp/jp/singi/anzen/070227houkoku.pdf。

91. 神奈川新聞，2014年1月30日，〈安倍首相が提唱、「積極的平和主義」って？〉，http://news.kanaloco.jp/localnews/article/1401300008/。

92. 神奈川新聞，2014年12月20日，〈安部政治を問う（16）「そのつど支持」加速 政治学者・松本正生さん〉，http://www.kanaloco.jp/article/73038。

93. 神保謙，2017年5月31日，〈抑止力成立の3条件－報復能力・意思と相手の理解－〉，GIGS，http://www.canon-igs.org/column/security/20170531_4353.html。

94. 神保謙，2017年8月2日，〈敵基地反撃能力－弾道ミサイルへの対抗策〉，GIGS，http://www.canon-igs.org/column/security/20170802_4428.html。

95. 東郷和彦，2013，《歴史認識を問い直す－靖国、慰安婦、領土問題》，東京：角川書店。

96. 美しい日本の憲法をつくる国民の会，2016年10月1日，〈設立宣言〉，https://kenpou1000.org/about/prospectus.html。

97. 恒川恵市，1998，《企業と国家》，東京：東京大學出版會。

98. 待鳥聡史，2005，《小泉長期政権を支える政治改革の成果》，東京：中央公論，4月號，頁176-184。

99. 待鳥聡史，2012年7月11日，〈橋下・維新の会、河村・減税日本　国政での成功に立ちはだかる「制度的差異」〉，nippon.com，http://www.nippon.com/ja/in-depth/a01101/。

100. 待鳥聰史，2012，《首相政治の制度分析－現代日本政治の権力基盤形成》，東京：千倉書房。

101. 高坂正堯，1981，《文明が衰亡するとき》，東京：新潮選書。

102. 朝日新聞デジタル，2014年1月25日，〈NHK籾井会長会見の主なやりとり：朝日新聞デジタル〉，http://www.asahi.com/articles/ASG1T5TK2G1TUCLV007.html。

103. 朝日新聞，2015年6月16日，〈橋下氏、野党再編に冷や水 維新、分裂の可能性も〉，http://www.asahi.com/articles/ASH6H4SF7H6HUTFK00D.html。

104. 朝日新聞，2016年11月6日，〈改憲運動進める日本会議、「世界一変した」　源流たどる〉，http://www.asahi.com/articles/ASJC46TZPJC4UTIL07D.html。

105. 朝日新聞，2017年1月20日，〈空自機スクランブル、過去最多ペース 対中国機が急増〉，http://www.asahi.com/articles/ASK1N5RY0K1NUTIL043.html。

106. 時事通信，2017年2月11日，〈分野横断で新経済対話＝トランプ氏、年内訪日受諾－尖閣防衛、共同声明に・日米会談〉，http://headlines.yahoo.co.jp/hl?a=20170211-00000008-jij-pol。

107. 時事通信，2017年2月14日，〈外交日程、解散戦略に影響も＝トランプ氏来日前は困難の見方〉，http://headlines.yahoo.co.jp/hl?a=20170214-00000010-jij-pol。

108. 時事通信，2017年4月15日，〈政府、北朝鮮挑発に厳戒態勢＝岸田外相「万全の備え」〉，https://headlines.yahoo.co.jp/hl?a=20170415-00000020-jij-pol。

109. 栗原彬，2001，テツオ・ナジタ、前田愛、神島二郎編，〈「民衆理性」の存在証明－市民運動・住民運動・ネットワーキングの精神史〉，《戦後日本の精神史》，東京：岩波書店。

110. 草野厚，1997，《政策過程分析入門》，東京：東京大學出版會。

111. 高橋洋，御廚貴編，2012，〈大企業から見た政治主導〉，《「政治主導の教訓」》，東京：勁草書房，頁289-312。

112. 倉頭甫明，1974，〈日本の安全保障について〉，《研究論集》，第9號，日本：廣島經濟大學經濟學會，頁19-64。

113. 猪口孝、岩井奉信，1987，《族議員》，東京：日本經濟新聞社。

114. 猪口孝，2002，《現代日本政治の基層》，東京：NTT。

115. 野口悠紀雄，1995，《1940年體制》，東京：東洋經濟新報社。

116. 野中尚人，2008，《自民党政治の終わり》，東京：筑摩書房。

117. 清水眞人，2005，《官邸主導－小泉純一郎の革命》，東京：日本經濟新聞社。

118. 產經新聞，2015年2月1日，〈イスラム国側「無謀な決断は日本人の殺戮に」首相「罪を償わせる」〉，http://www.iza.ne.jp/kiji/politics/news/150201/plt15020120040026-n1.html。

119. 產經新聞，2015年2月2日，〈政府、危険地域への渡航自粛徹底へ具体策検討 強制力には「憲法の壁」〉，http://headlines.yahoo.co.jp/hl?a=20150202-00000555-san-pol。

120. 產經新聞，2015年2月2日，〈邦人救出、自衛隊出動に法の壁「武器使用」目指すが……〉，http://www.iza.ne.jp/kiji/politics/news/150202/plt15020213080004-n1.htmll。

121. 森本哲郎，1994，〈一党優位と正統性－自民党体制とゴーリスト体制－〉，《レヴァイアサン》，臨時増刊號，頁139-164。

122. 菊池信輝，2005，《財界とは何か》，東京：平凡社。

123. 堤英敬，2001，〈無党派層の認知的類型－異なるタイプの無党派層の政治意識と投票行動〉，《香川法学》，第20期第3、4卷，頁227-262。

124. 堤英敬、上神貴佳，2007，〈2003年總選挙における候補者レベル公約と政党の利益集約機能〉（Party Policy Coherence in Japan: Evidence from 2003 Candidate-Level Electoral Platforms），東京：《社会科学研究》，第58期第5・6卷，頁33-48。

125. 渡辺治、岡田知弘、後藤道夫、二宮厚美，2014，《〈大国〉への執念　安倍政権と日本の危機》，東京：大月書店。

126. 渡辺治，2014，〈安倍政権とは何か〉，渡邊治、岡田知弘、後藤道夫、二宮厚美編，《〈大国〉への執念　安倍政権と日本の危機》，東京：大月書店，頁17。

127. 渡部純，2000，《企業家の論理と体制の構図》，東京：木鐸社。

128. 渡邊治一，2004，〈政治改革から保守二大政党制へ〉，《変貌する日本》，東京：旬報社。

129. 飯坂良明、富田信男、岡沢憲芙，1987，《政党とデモクラシー》，東京：學陽書房。

130. 飯尾潤，1995，〈政治的官僚と行政的政治家〉，日本政治學學會編，《現代日本政官関係の形成過程》，東京：岩波書店，頁135-149。

131. 飯尾潤，2004，〈日本における二つの政府と政官関係〉，《レヴァイアサン》，34號，東京：木鐸社，頁7-19。

132. 飯島勳，2006，《小泉官邸秘錄》，東京：日本經濟新聞社。

133. 福岡峻治，2007年3月，〈行政改革と日本官僚制の変容－「官僚主導」から「政治主導」への転換とその課題〉，《現代法学》，第13號，東京：東京經濟大學現代法學會，頁121-156。

134. 經濟同友會諮問委員會，1997年1月9日，〈市場主義宣言－21世紀へのアクション・プログラム－〉，經濟同友會，https://www.doyukai.or.jp/policyproposals/articles/1996/970109.html。

135. 澀谷望，2008，〈ポスト総中流社会におけるナショナリズムのゆくえ〉，《和光大学現代人間学部紀要》，第1號，頁205-212。

136. 篠田徹，1996，〈再び「ニワトリからアヒルへ」？〉，《年報政治学》，日本政

治學會，東京：岩波書店，頁129-149。

137. 濱本眞輔、辻中豊，辻中豊、森裕城編著，2010，〈行政ネットワークにおける団体〉，《現代社会集団の政治機能》，東京：木鐸社，頁156-179。

138. 藥師寺克行，2014，《現代日本政治史》，東京：有斐閣。

139. 瀬口清之，2017年7月27日，〈トランプ政権の混迷で高まる日本への期待－世界の不安定化が加速する中で「和」の果たす役割がますます重要に－〉，GIGS，http://www.canon-igs.org/column/network/20170727_4416.html。

140. 藤岡惇，2004，《グローバリゼーションと戦争》，東京：大月書店。

141. 櫻谷勝美、野崎哲哉，2008，〈日本における新自由主義改革の現状と問題点〉，《新自由主義改革と日本経済》，日本：三重大學出版會，頁23-40。

142. 讀賣新聞，2014年2月5日，〈自衛隊に任務追加へ、領域警備で離島上陸に対処〉，http://headlines.yahoo.co.jp/hl?a=20140204-00001707-yom-pol。

143. 鹽野宏，1999，《行政法》，東京：早稻田大學出版社。

英文部分

1.　Allison, Anne. 2004, "Cuteness as Japan's Millennial Product." In *Pikachu's Global Adventure: The Rise and Fall of Pokemon*, edited by Joseph Tobin, 34-39. Durham: Duke University Press.

2.　Amin, Samir. 1999, "Capitalism, Imperialism, Globalization", in Chilcote, Ronald M. (ed.). *The Political Economy of Imperialism: Critical Appraisals*, Boston: Kluwer Academic Publishers, pp. 157-168.

3.　Barfiled, Claude. February 2009, "U. S. Trade Policy and Asian Regionalism", JEF-AEI Conference, pp. 1-16.

4.　Bergsten, C. Fred. Morrison, Charles E. and Pedrosa, Eduardo eds. 2007, "A Free Trade Area of the Asia Pacific in the Wake of the Faltering Doha Round Trade Policy Alternatives for APEC", *An APEC Trade Agenda?: The Political Economy of a Free Area of the Asia-Pacific*, Singapore: ISEAS Publishing, pp. 1-15.

5.　Calder, Kent. 1993, *Strategic Capitalism: Private Business and Public Purpose in Japanese Industrial Finance*, US: Princeton University Press.

6.　Chalmers, Johnson. 1982, *MITI and the Japanese Miracle: The Growth of Industrial*

Policy, 1925-1975, Stanford: Stanford University Press.

7. Department of Defense. 2010, US: *Quadrennial Defense Review Report.*

8. Dore Ronald. 1986, *Flexible rigidities: industrial policy and structural adjustment in the Japanese economy, 1970-1980,* Stanford, Calif.: Stanford University Press.

9. Dye, Thomas R., Harmon Zeigler and Louis Schubert. 2012, *The Irony of Democracy: An Uncommon Introduction to American Politics*, Boston: Wadsworth.

10. Ernst, Dieter. 2002, "The Economics of the Electronics Industry: Competitive Dynamics and Industrial Organization." In *The IEBM Handbook of Economics*, edited by William Lazonick, 319-339. Part of the *International Encyclopedia of Business and Management* handbook series. London: International Thomson Business Press.

11. Farnsworth, Lee W. May. 1967, "Social and Political Sources of Political Fragmentation in Japan", *The Journal of Politics*, vol. 29, no. 2. Southern Political Science Association.

12. Fujimura, Naofumi. 2007, "The Power Relationship between the Prime Minister and Ruling Party Legislators: The Postal Service Privatization Act of 2005", *Japanese Journal of Political Science*, vol. 8, no. 2, pp. 233-261.

13. Gao, Bai. 1997, *Economic Ideology and Japanese Industrial Policy: Developmentalism from 1931 to 1965*. NY: Cambridge University Press.

14. Goldstein, Judith. 1993, *Ideas, Interests, and American Trade Policy*, Ithaca: Cornell University Press.

15. Haas, Peter. 1992, "Introduction: Epistemic Communities and International Policy Coordination," in *International Organization*, vol. 46, pp. 1-35.

16. Hall, Peter A. (ed.) 1989, *The Political Power of Economic Ideas*, N. J.: Princeton University Press.

17. Helco Hugh. 1977, *Government by Strangers*, Washington, D.C.: Brookings Institution.

18. Jauvert, Vincent. 2015/6/2, *L'Obs*. "Japon: la face cachée de Shinzo Abe", http://tempsreel. nouvelobs.com/monde/20150521.OBS9364/japon-la-face-cachee-de-shinzo-abe.html.

19. Kennedy, Paul. 1988, "Is American Falling Behind?", *American Heritage*. Sep. & Oct. 1988.

20. Keohane, Robert.1984, After Hegemony, N. J.: Princeton University Press.

21. Kier, Elizabeth. 1997, *Imaging War: French and British Military Doctrine between the Wars*. Princeton: Princeton University Press.

22. Knight, Jack. 1992, *Institutions and Social Conflict: Political Economy of Institutions and Decisions*. Cambridge: Cambridge University Press.

23. Knight, Jack. 1995, "Models, Interpretations, and Theories: Constructing Explanations of Institutional Emergence and Change," in *Explaining Social Institutions*. Jack Knight (ed.) Ann Arbor: The University of Michigan Press.

24. Koh, B. C., 1989, *Japan's administrative elite*, US: University of California Press.

25. Krauss, Ellis, 1984, "Conflict in the Diet: Toward Conflict Management in the Parliament Politics", in Krauss, Ellis. Rohlen Thomas. Steinhoff, Patricia (ed.) *Conflict in Japan*, Honolulu: University of Hawaii, pp. 243-293.

26. Krauss, Ellis S. & Pekkanen, Robert J., 2011, *The Rise and Fall of Japan's LDP*, US: Cornell University Press.

27. Mearsheimer, John J. 2001, *The Trgedy of Great Power Politics*, New York: W. W. & Company.

28. Miyake, Kuni, Jimbo, Ken and Tatsumi, Yuki, 2017, "Views from Tokyo and Washington, D.C.", Special Year-End edition as of December 28, 2016, *East Asia Security Quarterly*, January 1, pp. 1-4.

29. North, Douglas. 1990, *Institutions, Institutional Change, and Economic Performance*, NY: Cambridge University Press.

30. Okimoto, Daniel I.1989, *Between MITI and the Market: Japanese Industrial Policy for High Technology*, US: Stanford University Press.

31. Organski, A. F. K. 1958, *World Politics*. US: Alfred A. Knopf.

32. Patnaik, Prbhat. 1999, "On the Pitfalls of Bourgeois Inernationalism", in Chilcote, Ronald M. (ed.). *The Political Economy of Imperialism: Critical Appraisals*, Boston: Kluwer Academic Publishers, pp. 169-179.

33. Patterson, Dennis. 2007, "Japan's Response to Asia's Security Problems". Horowitz, Shale. Heo, Uk. Tan, Alexander C. edited, *Identity and Change in East Asian Conflicts*, NY: Palgrave Macmillan, pp.185-206.

34. Pempel, T. J. ed. 1990, *Uncommon Democracies: The One-Party Dominant Regimes*, Ithaca: Cornell University Press.

35. Pempel, T. J. 1999, "Structural Gaiatsu: International Finance and Political Change in Japan." *Comparative Political Studies*. 32, no. 8, December, pp. 907-932.

36. Perlez, Jane. 2002, "China Emerges as Rival to U. S. in Asian Trade." *New York Times*,

June 28, A1.

37. Pilling, David & Richard, McGregor. 2004, "Grossing the Divide: How Booming Business and Closer Cultural Ties Are Bringing Two Asian Giants Together." *Financial Times,* March 30.

38. Polanyi, Karl.1954, *The Great Transformation*, Boston: Beacon Press.

39. Ramo, Joshua Cooper. 2004, *The Bejing Consensus*. UK: The Foreign Policy Centre.

40. Samuels, Richard. 1983, "The Industrial Destructuring of the Japanese Aluminum Industry". *Pacific Affairs*, vol. 56, no. 3. (Autumn 1983), pp. 495-509.

41. Schlesinger, Jacob M. 1997, *Shadow Shoguns: The Rise and Fall of Japan's Postwar Political Machine*, New York: Simon & Schuster.

42. Schmitt, Carl. 2007, *The Concept of the Political*, US: The University of Chicago Press.

43. Schwab, K. and Smadja, C. cited in D. Harvey. 2000, *Spaces of Hope*. Edinburgh: Edinburgh University Press.

44. Sklair, Leslie. 2001, The Trans*national Capitalist Class*. Massachusetts: Blackwell.

45. The Economist. 2015/6/6, "Right Side Up". http://www.economist.com/news/asia/21653676-powerful-if-little-reported-group-claims-it-can-restore-pre-war-order-right-side-up.

46. TIME. Apr 28, 2014, "Shinzo Abe: THE PATRIOT". *TIME*, http://time.com/65673/shinzo-abe-japan-interview/?iid=nf-article-recirc.

47. Vogel, Steven. 2003, "The Re-Organization of Organized Capitalism: How the German and Japanese Models Are Shaping Their Own Transformations." In *The End of Diversity? Prospects for German and Japanese Capitalism*, edited by Yamamura, Kozo and Streeck, Wolfgang. Ithaca: Cornell University Press, pp. 306-333.

48. Wade, Robert. 2004, *Governing the Market: Economic Theory and the Role of Government in East Asian Industrialization.* Princeton: Princeton University Press.

49. Wolfgang Kester. 1994, *Global Competition, Institutions, and the East Asian Ascendancy*. San Francisco: ICS Press.

50. Young, Oran R. 1991, "Political Leadership and Regime Formation on the Development of Institutions in International Society." *International Organization*. 45-3, pp. 281-308.

51. Yrd. Doç. Dr. Gökhan Ak emsettino lu. 2013, "INSTITUTIONAL BALANCING IN THE ASIA-PACIFIC", Ankara Üniversitesi: *SBF Dergisi*, Cilt 68, no. 4, pp. 1-16.

國家圖書館出版品預行編目資料

重返榮耀：解構21世紀日本政治的新進化兼論
安倍晉三政權／鄭子真著. －－初版. －－臺
北市：五南，2018.02
　　面；　公分
　ISBN 978-957-11-9603-9（平裝）

1.政治　2.日本

574.2　　　　　　　　　　107001686

4P73

重返榮耀：解構21世紀日本政治的新進化兼論安倍晉三政權

作　　　者 ― 鄭子真（383.6）

發 行 人 ― 楊榮川

總 經 理 ― 楊士清

主　　　編 ― 劉靜芬

責任編輯 ― 高丞嫻　吳肇恩

封面設計 ― 姚孝慈　謝瑩君

出 版 者 ― 五南圖書出版股份有限公司

地　　　址：106台北市大安區和平東路二段339號4樓

電　　　話：(02)2705-5066　　傳　　真：(02)2706-6100

網　　　址：http://www.wunan.com.tw

電子郵件：wunan@wunan.com.tw

劃撥帳號：01068953

戶　　　名：五南圖書出版股份有限公司

法律顧問　林勝安律師事務所　林勝安律師

出版日期　2018年2月初版一刷

定　　　價　新臺幣280元